Persian Cuisine

Book One:
Traditional Foods

ای اصیل
یرانی

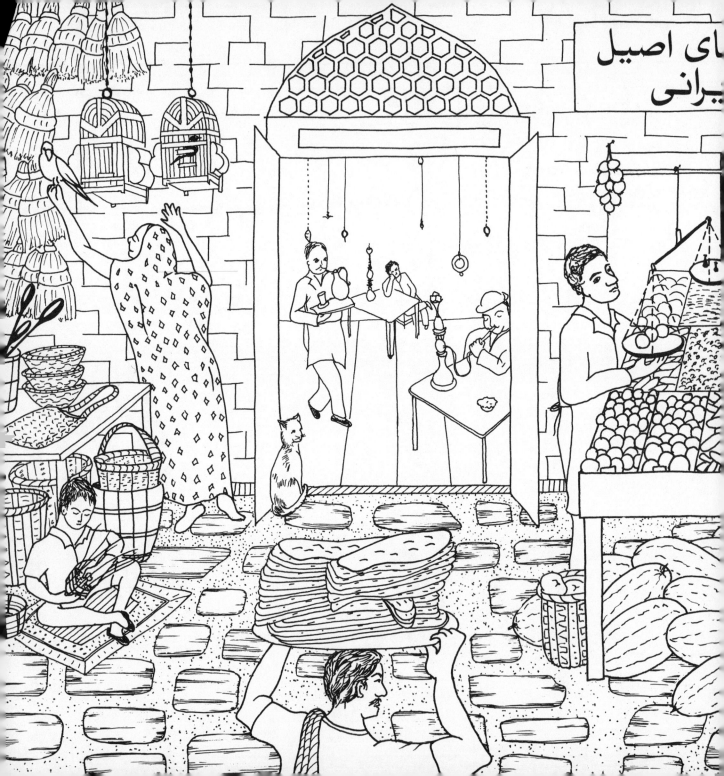

Persian Cuisine

Book One:
Traditional Foods

by
M. R. Ghanoonparvar

**Illustrations by Jill Lieber
and Claudia Kane
Cover Design by Dennis Rano**

Mazdâ Publishers
P.O. Box 136
Lexington, KY 40501/USA

انتشارات مزدا

Library of Congress Catalog Card No.: 82-061281
ISBN: 0-939214-10-5

Manufactured in the United States of America
English typesetting by TypeSetters, Lexington, Ky.
Persian typesetting by Iranshahr Publishing Co, Inc., Arlington, Va.

Mazdâ Publishers Lexington 1982

For Diane

contents

acknowledgments

This book would not have been possible without the encouragement of many friends and acquaintances, both Iranian and American, and the enthusiastic responses of my students in Persian Cuisine classes at the University of Virginia. I would like to thank Mr. Farhang Rajaee for the painstaking task of transcribing the Persian text. And, of course, I will always remain indebted to my father for his unique understanding of herbs and spices, some of which he imparted to me.

Persian Cuisine

Book One:
Traditional Foods

introduction

To American tastes, Persian food seems both exotic and familiar: exotic since many combinations of vegetables, herbs, spices, and fruits are new to them and, at the same time, familiar, for almost all the ingredients are used by most people in this country. In other words, there are few really "exotic" ingredients, but many new and delightful tastes. And it has been my experience with many American friends and acquaintances that to be introduced to this cuisine is to become a devotee.

I have had the writing of this book in mind for a number of years, motivated by numerous friends and acquaintances, both American and Persian, who have frequently asked me for Persian recipes and encouraged me to make them available in book form. In this connection, a helpful stepping stone to the compilation of these recipes has been the fact that I have, for the past few years, been teaching courses on Persian cuisine at the University of Virginia in Charlottesville, and this experience has afforded me the opportunity to test many of the recipes as well as put them down in a hopefully comprehensible form.

In selecting and writing down these recipes, I have taken into consideration several points. First, these recipes include only traditional Iranian dishes. In other words, I have purposefully not included recipes which are, for the most part, European, even though they have, in recent years, become popular in Iran, especially in the cities. In Book Two of this series, to be released in the near future, I plan to incorporate more internationally inspired Persian foods, favorite culinary "inventions" of various Iranian families, and other variations on Persian cuisine. Second, there are a few ingredients which, although readily available in Iran, are not easily accessible in the United States. In such cases, when one particular ingredient is difficult to find, a substitute that would not substantially change the end product is suggested. On the whole, the ingredients, or their substitutes, in most of the recipes in this book should be available in local supermarkets rather than specialty shops. Third, whereas in the majority of the red meat dishes, the meat most commonly used in Iran is lamb, which is of better quality there than beef, I have either substituted beef outright or left lamb as an option. I have done so for two basic reasons: one is that it has been my experience that the taste of Persian lamb differs somewhat from that of American lamb and another is that beef is more readily available in the United States. However, it should be noted that on the whole, the end products of the recipes will not vary drastically in taste whether beef or lamb is used, since, in point of fact, meat is generally not the main feature of most Iranian dishes.

A note of interest to vegetarians: I began cooking for myself some twenty years ago during the few years I was a vegetarian, trying to recreate the tastes I remembered without using meat, and I have found that the greater portion of these recipes can be altered to suit a vegetarian diet merely by leaving out the meat (especially true of most of the *khoreshes*).

Persian Cuisine is divided into sections more or less according to the type of food. In addition, a

پیشگفتار

درمیان عادات وسنن فرهنگی هرملت غذا وآشپزی شاید ازمشخصاتی باشند که ذوق وسلیقه عموم مردم رابگونه ای غیرمستقیم حتی بیشترازهنروادبیات نمودارمی سازند. هنروادبیات بیشترزائیده استعداد افراد طبقات تحصیل کرده ومرفه واغلب اهل فن است درصورتی که غذاهای ملی که کم وبیش بصور مختلف درهمه خانواده ها باذوق وسلیقه فردی تهیه میشوند، نه تنها نشان دهنده هنرفردی بلکه، ازآن مهمترنشانگر استعداد عمومی مردم یک جامعه نیزمی باشند. نگاهی به غذاهائی که ذکرشان دراین کتاب آمده نشان میدهد که گرچه ازنظرتنوع ایرانیان درمقایسه بابعضی دیگرملت ها(شاید بواسطه محدودیت های اقلیمی، شرایط اقتصادی وغیره) ازمواد محدودتری استفاده میکنند، معهذا ازنظرتنوع غذا سلیقه واستعداد ایرانی توانسته است انواع غذاهای رنگارنگ رابوجودآورد.این امرخود نموداری ازفرهنگ غنی ایران وایرانی است.این کتاب،بخصوص قسمت انگلیسی آن، تاحدودی بادرنظر گرفتن این موضوع نگاشته شده است تابدین وسیله پرتوی ازفرهنگ ایران رادردسترس دیگران قراردهیم.

درجمع آوری وانتخاب دستورغذاهای این کتاب که حاصل سالها علاقه، تجربه شخصی وهمچنین تدریس کلاسهای آشپزی میباشد چند نکته درنظر گرفته شده است: نخست،این کتاب فقط شامل طرزتهیه غذاهای اصیل وسنتی ایرانی است. بعبارت دیگرغذاهائیکه اغلب ریشه اروپائی وغربی داشتند وتدریجا درسالهای اخیر درایران وبخصوص دربعضی ازشهرهای بزرگ رواج یافته عمدا دراین کتاب درج نگردیده اند.باوجود اینکه ایرانیان به سلیقه خود تغییراتی درچنین غذاهاداده وآنهارا باصطلاح «ایرانی» کرده اند، بازغذاهائی ازاین قبیل نمی توانند درکتابی که بطورکلی شامل غذاهای اصیل ایرانی است جائی داشته باشند. امیدواریم درجلد دوم این کتاب که بزودی منتشرخواهد شد این غذاهارا نیزثبت کنیم.

نکته دوم که درنوشتن غذاهای اصیل ایرانی بکارگرفته شده اینست که چون این کتاب ومخصوصا قسمت فارسی آن برای ایرانیانی که درخارج ازکشورخود زندگی میکنند نوشته شده، سعی براین بوده است که مواد بکاررفته درغذاها حتی الامکان طوری انتخاب شوند که دربیشتر«سوپرمارکت» ها دردسترس باشند. درمواردی نیز درخصوص موادی که پیدا کردنشان خارج ازایران دشوارتراست، موادی پیشنهاد شده تابجای مواد اصلی وبدون تغییرفاحش درمزه غذاها مورد استفاده قرارگیرند. مثلادرمورد بعضی ازسبزیجات که بفراوانی وتقریبا درهمه جای ایران یافت میشوند ولی ازخارج ازایران چنین نیست، سعی براین بوده که ازسبزیجات مشابه که عمدتا در«سوپرمارکت ها» دردسترس اند استفاده شود.

نکته سوم مربوط به انواع گوشت موردنیازبرای طبخ غذاهای ایرانی است.البته میدانیم که گوشت مصرفی ایران بیشترگوشت گوسفنداست وبنظرمیرسد که ایرانیان گوشت گوسفند رابرگوشت گاو ترجیح میدهند. یکی ازدلایل این امرشاید این است که درایران بطورکلی گوشت گوسفند ازگوشت گاومرغوب تراست. باتوجه به اینکه طعم گوشت گوسفند درآمریکا تااندازه ای باگوشت گوسفند بومی ایران تفاوت دارد وبادرنظرگرفتن مرغوبیت گوشت گاودرآمریکا، درتمام غذاهای پیشنهاد شده درصورت دردست نبودن یا عدم تمایل بمصرف گوشت گوسفند ازگوشت گاو استفاده شود. باتوجه به این نکته که گوشت دربیشتر غذاهای ایرانی همانند چاشنی غذا بحساب میآید،طعم غذای تهیه شده ازگوشت گاو ویاگوشت گوسفند تفاوت فاحشی نخواهندداشت.

دراینجالازم است یکی دونکته درمورد مقدارمواد ومدت وزمان طبخ متذکرشویم. برای تسهیل درامر اندازه گیری مواد سعی شده است ازسیستم پوند(pound)،فنجان، قاشق چایخوری، قاشق غذا خوری وغیره که درآمریکا مرسوم است استفاده شود.

درمورد زمان طبخ مذکوردردستورهای غذادراین کتاب باید درنظرگرفت که ممکن است مدت طبخ درجاهای مختلف وبرحسب انواع مختلف مواد تغییر نماید. بهرصورت زمان تعیین شده درهردستورحتی الامکان دقیق انتخاب شده است.

همچنین دردستورهرغذا، ذکرشده که غذائی که تهیه میشود برای چند نفر کافی است.البته باید توجه داشت که مقدارغذا وکافی بودن آن برای تعداد افراد نسبی است واین مطلب رانیزباید درنظرگرفت که بسیاری ازغذاها همانطورکه رسم ایرانیان است، معمولا باغذاهای دیگرهمراه اند.

نکته دیگرمربوط به سبزیجات معطرخشک وادویه هاست. گرچه فرهنگ های لغات دوزبانی بیشترسبزیجات وادویه هارا بدرست ترجمه میکنند، ولی بنا برتجربه وآشنائی شخصی به این مواد این امرمشخص شده که دربعضی ازموارد این ترجمه ها نارسا، ناقص ویافقط درموارد وجاهای بخصوصی صحیح اند. لذا قبل ازتهیه این ادویه ها وسبزیجات معطرخشک میتوانید به دستورهمان غذا که بزبان انگلیسی درصفحه مقابل وجود دارد مراجعه کنید.

کتاب غذاهای اصیل ایرانی برحسب نوع غذابه فصلهای مختلف تقسیم شده است وعلاوه برفهرستی که به آن اشاره شد؛اسامی،آدرس وشماره تلفن

number of suggested menus have been included at the end of the book.

Since the number of Iranian grocery stores and specialty shops has steadily increased in the past few years, particularly in the metropolitan areas, many ingredients previously nearly impossible to obtain are now available. For this reason, a list of such stores has also been included at the end of the book.

Mohammad R. Ghanoonparvar, Ph.D.
Charlottesville, Virginia
Fall 1982

Pronunciation Guide

a = as in the word, bat

ā = as in the word, ball

e = as in the word, bed

i = as in the word, bee

o = as in the word, bold

u = as in the word, boot

NOTE: All cooking temperatures are given in degrees Fahrenheit.

خوار و بارفروشیهای ایرانی درنقاط مختلف آمریکا که خوشبختانه درسالهای اخیر تعدادشان افزایش یافته در پایان کتاب درج گردیده است تا درصورت لزوم برای بعضی از مواد مذکور دردستورها که همیشه وهمه جادردسترس نیستند به آنهامراجعه کنید.

محمدرضا قانون پرور
استادیار دانشگاه
تابستان ۱۳۶۱
دانشگاه ویرجینیا

یادداشت ویژه:

توجه فرمائید که دردستورهای این کتاب مواد مورد استفاده به ترتیب ذکرشده اند. برای مثال دربعضی دستورها نمک وغیره ممکن است دردونوبت مختلف ذکرشده باشد که بایستی به ترتیب ذکرشده درمراحل مختلف طبخ مورد استفاده قرارگیرند.

rice and rice dishes

Rice is certainly one of the most important staples in the Iranian diet. In fact, rice for most Iranians is not necessarily a side dish but a main dish. Other foods or ingredients are put in rice, over rice, or around rice, but rice is the main feature.

The Iranian way of making rice is quite different from that of most other cuisines. The recipes that follow for *chelo* and *polo* will result in fluffy, separated grains of rice. Most of the dishes in this section can be served as whole meals accompanied perhaps with a salad.

Since rice is a major part of Persian cuisine, naturally Iranians are often adamantly particular about the quality of rice they choose, especially for *chelo* and *polo*. The best rice available in Iran is grown around the coast of the Caspian Sea, in Mazandaran Province. *Sadri* and *dom siyāh* (literally "blacktailed") are two of the best quality extra long grain rice that are favorites of Iranians, both of which have a distinctive flavor and aroma.

In the United States, "basmati" rice, available in most Iranian and general Middle Eastern grocery stores, offers perhaps the closest substitute in flavor, but using imported rice is not crucial. In choosing rice, select a good quality hard, long or extra long grain rice for *chelo* and *polo*.

Chelo
(steamed plain rice)

6 servings

3 cups long or extra-long grain rice
8 cups water
6 Tbs. salt

¼ cup butter, melted
1/8 tsp. saffron, dissolved in 2 Tbs.
warm water (optional)

DIRECTIONS FOR COOKING

1. Rinse the rice several times in warm water to remove the starch. Soak in warm water. (Although not an absolutely crucial step, soaking allows for less boiling time, thus more control over the finished product. Some prefer soaking for several hours or overnight.)

2. Bring a large pot of salty (approx. 2 Tbs. per cup of uncooked rice) water to a rapid boil. (The pot should be large enough to allow the rice to roll around freely as the water boils.)

3. Drain the water from the soaked rice and add the rice to the boiling water. Boil 5 to 10 minutes (boiling time differs according to the quality of rice and the amount of soaking time) or until the kernels are no longer crunchy but still quite firm. Stir occasionally to prevent the grains from sticking together.

4. Drain the rice in a colander.

(At this point other ingredients may be added to the rice for *polo*.)

5. Cover the bottom of the pot with some of the melted butter.

6. Sprinkle the rice into the pot a spoonful at a time, heaping at center of pot so as not to touch the sides of the pot.

7. With the handle of a cooking tool, perforate the rice in several places all the way to the bottom of the pot and pour over the rest of the melted butter. (More butter can be added.)

8. Cover the underside of the pot lid with a dish towel (which absorbs the moisture that would otherwise accumulate on the lid and drip back into the rice making it soggy) and place the lid tightly on the pot.

9. Cook the rice approx. 20 minutes over medium heat, then reduce the heat and allow the rice to steam for another 30 minutes or so. The heat can then be turned very low and the rice kept warm until serving time. Rice can also be steamed in a moderate oven for 30 minutes, then turned low until serving time.

10. Rice cooked atop the stove will form a golden crust, the *tahdig* (see following recipe) which can be loosened to be removed and served in one piece by soaking the bottom of the pot, lid closed, in cold water a few minutes. (A good *tahdig* is savored as proof of one's culinary abilities!)

11. For decoration, take about ⅔ cup of the cooked rice and mix it well with the dissolved saffron so that the rice picks up the color evenly. When the plain rice has been placed on a serving platter, sprinkle the saffron-flavored rice over the top and serve.

چلو

برای ۳تا ٤نفر

موادلازم:

۳فنجان برنج اعلا
۸فنجان آب
٦قاشق غذا خوری نمک
یک چهارم فنجان کره آب شده

طرز تهیه:

۱ ــ برنج راچندین باردرآب گرم بشوئید تا نشاسته اضافه آن شسته شود.سپس برای یکی دوساعت آنرا درآب نیم گرم خیس کنید.(گرچه این عمل کاملا ضروری نیست ولی خیس کردن برنج ازمدت طبخ برنج کم میکند وچلوی بدست آمده بهتر میشود.بعضی از آشپزها ترجیح میدهند برنج را ازیکشب قبل درآب خیس کنند)

۲ ــ دردیگ بزرگی مقدارزیادی آب بانمک(تقریبا دوقاشق غذاخوری نمک برای هر فنجان برنج خام) بجوش بیاورید.دیگ باید باندازه‌ای باشد که برنج براحتی وبدون بهم چسبیدن پخته شود.

۳ ــ آب روی برنج خیس کردهراخالی کنید وبرنج رادرآب جوش بریزید.اجازه بدهید برنج بمدت ۵تا ۱۰دقیقه بجوشد،(مدت طبخ برنج بستگی به نوع برنج ومدت خیس کردن برنج دارد)،یاتا وقتی که سختی دانه های برنج ازبین رفته ولی کاملا نرم نشده باشد.درعین حال هر ازگاهی برنج رابا کفگیر بهم بزنید تاازبهم چسبیدگی برنج جلوگیری شود.

٤ ــ برنج نیمه پخته شده رادرصافی آب کش کنید.(دراین مرحله معمولا مواد دیگر برای پلوهای مختلف اضافه میشود).

۵ ــ کمی کره آب شده ته دیگ کوچکتری بریزید.

٦ ــ باکفگیر تدریجا برنج راتوی دیگ بریزید بطوریکه برنج به اطراف دیگ نچسبد.

۷ ــ دسته کفگیر یاوسیله مشابه ای راچندین بار دربرنج فرو کنید تاچندین سوراخ تاته دیگ پدید آید.بقیه کره آب شده راروی برنج بریزید.

۸ ــ درب دیگ رادرحوله بپیچید وسپس روی دیگ قرار بدهید بطوریکه بخار ازدرون دیگ به خارج راه پیدا نکند.(درصورت داشتن دمی میتوانید ازآن استفاده کنید.)

۹ ــ برنج را برای مدت بیست دقیقه روی حرارت متوسط قراردهید وسپس حرارت راکم نموده واجازه بدهید نیم ساعت دیگر دم بکشد.میتوان حرارت راپس ازنیم ساعت خیلی کم کرد که تاوقت خوردن غذا چلو گرم بماند.چلورامیتوان درفرباحرارت ملایم(۲۵۰ تا ۳۰۰درجه فارنهایت)دم نمود.

۱۰ ــ برنجی که روی اجاق دم شده باشد ته دیگ طلائی رنگی دارد.برای اینکه بتوانید دیگ رابآسانی جداکنید،کف دیگ رابمدت چند دقیقه بدون برداشتن درآن درآب سرد قراردهید.بعد برنج رادردیسی بکشید وباکفگیر ته دیگ رابآسانی ازکف دیگ جداکنید.

Tahdig
(golden crust)

Tahdig can be made with virtually any rice recipe. For variety, try placing one of the following at the bottom of the pot after melting the butter (Step 5 of the *chelo* recipe) and before adding the rice:

1 raw potato, peeled and thinly sliced
*1 loaf thin flat bread**

* See bread recipes, especially *taftun* (p. 188), or substitute one wheat tortilla or half a loaf of pita bread.

Adas Polo
(rice with lentils)

4 to 6 servings

1 cup lentils
3 cups rice and other ingredients in ***chelo*** *recipe*
(optional: 1/4 cup raisins, currants, dates, or toasted slivered almonds)

DIRECTIONS FOR COOKING

1. Boil the lentils in enough salted water to cover them for about 10 minutes or until tender but not soft. Drain and set aside.

2. Cook rice in salted water according to directions for *chelo* through Step 4.

3. Resume steps for *chelo*, alternating layers of rice and lentils with other optional ingredients, or mixing all ingredients, except butter, before putting in pot to steam.

ته دیگ

همانطور که در دستور چلو ذکرشد، برنجی که روی اجاق دم شود ته دیگ طلائی رنگی پیدا میکند که میتوان بعداز کشیدن چلو درظرف جداگانه ای کشید. برای تنوع میتوانید از یکی ازمواد زیر استفاده نموده، وته دیک های گوناگونی درست کنید.

یک چهارم قاشق چایخوری زعفران محلول دردو قاشق غذاخوری آب گرم
یک قاشق غذاخوری دارچین

اگراز زعفران یا دارچین استفاده می کنید یکی دوکفگیر از برنج رابا محلول زعفران ویادارچین مخلوط کنید وکف دیگ بپاشید.

یک یادو عدد سیب زمینی پوست کنده و ورقه شده
یک عدد نان تافتون، چند نان سوری یانان گندم مکز یکی

درتمام این موارد ته دیگ رابعداز مرحله ۵ دستور چلو کف دیگ قرار دهید وسپس برنج را روی آن بر یزید.

برای جداکردن ته دیک ازکف دیگ به دستور چلو، مرحله ۱۰ مراجعه کنید.

عدس پلو

برای ۳تا ٤نفر

موادلازم:

۱ فنجان عدس
۳ فنجان برنج
٦ قاشق غذاخوری نمک
یک چهارم فنجان کره آب شده
(درصورت تمایل: یک چهارم فنجان کشمش و یک چهارم فنجان خلال بادام بوداده)

طرزتهیه:

۱ ــ عدس را درمقدارکافی آب کم نمک بمدت ده دقیقه یاتاموقعی که عدس پخته شده ولی له نشده باشد بپزید. سپس آب آنرا خالی کرده وکنار بگذارید.

۲ ــ برنج را درآب نمک زده طبق دستورپختن چلوتامرحله ٤ بپزید. سپس مانند بقیه مراحل دستورپختن چلوبا این تفاوت که متناوبا بامخلوطی از چلو وعدس توی دیگ میر یزید ادامه دهید. دراین مرحله میتوانید در صورت تمایل کشمش و یا خلال بادام رانیزاضافه کنید.

Adas Polo bā Gusht

(rice and lentils with meat)

5 to 6 servings

1 cup lentils
3 cups rice and other ingredients in ***chelo*** *recipe*
2 Tbs. butter
2 medium onions, sliced
1 1/2 lb. beef or lamb cubes or pieces of chicken
1/2 tsp. turmeric
1/2 tsp. salt
1/4 tsp. cinnamon
2 cups water
1/4 cup raisins or chopped dates (optional)

DIRECTIONS FOR COOKING

1. Boil the lentils in enough salted water to cover them for about 10 minutes or until tender but not soft. Drain and set aside.

2. Cook rice in salted water according to directions for *chelo* through Step 4.

3. Sauté onions in butter; remove and set skillet and onions aside.

4. Sprinkle meat with spices. Brown on all sides in butter remaining in skillet from sautéing onions and some of the butter allotted in the *chelo* recipe, if necessary.

5. Add water to meat; bring to a boil, reduce heat to medium and simmer for 1 hour or until meat is quite tender. (To speed up this step, meat can be cooked in a pressure cooker for 15 to 20 minutes, in which case reduce water to 1 cup.)

6. Mix together the lentils and rice (and raisins or dates).

7. Place some of the melted butter allotted in the *chelo* recipe on the bottom of the pot or casserole dish. Sprinkle half of the rice mixture in the pot or casserole; top with meat and cover meat with onions; cover meat and onions with remaining rice mixture. Pour over the top any juices remaining from having cooked the meat.

8. Continue steaming as in *chelo* recipe.

عدس پلو با گوشت

برای ۵ تا ۶ نفر

مواد لازم:

۱ فنجان عدس
۳ فنجان برنج و بقیه مواد دستورغذای چلو
۲ قاشق غذاخوری کره
۲ پیاز متوسط خورد کرده
یک و یک دوم پوند گوشت خورشتی یامرغ

نصف قاشق چایخوری زرد چوبه
نصف قاشق چایخوری نمک
یک چهارم قاشق چایخوری دارچین
۲ فنجان آب
یک چهارم فنجان کشمش یاخرما(درصورت تمایل)

طرز تهیه:

۱ ــ عدس را درآب کم نمک باندازه کافی بپزید بطوریکه پخته شده ولی له نشود.آب آنراخالی کنید وبه کناری بگذارید.

۲ ــ برنج راطبق دستور چلوتامرحله ٤ آماده کنید.

۳ ــ پیاز راکمی درکره سرخ کنید.باکفگیر پیازها راازماهیتابه بردارید.(کفگیر پیازداغ رابالای ماهیتابه نگاه دارید تاهرچه بیشتر روغن آن گرفته شود)

٤ ــ ادویه هارا روی گوشت بپاشید ودرکره ای که درماهیتابه هست کمی سرخ کنید.اگر برای سرخ کردن گوشت به کره اضافی احتیاج دارید ازکره ایکه دردستور چلومنظور شده است استفاده کنید.

۵ ــ آب به گوشت اضافه کنید،مخلوط رابه جوش آورده وبرای مدت یکساعت تاوقتیکه گوشت کاملا پخته شود آنراروی حرارت ملایم بپزید.(این مرحله رامیتوان بادیگ زودپز انجام داد.درآن صورت مدت طبخ ۱۵ــ۲۰ دقیقه است.اگرازدیگ زودپزاستفاده میکنید مقدارآب رابه یک فنجان تقلیل دهید)

٦ ــ عدس وچلو(باکشمش یاخرما)رامخلوط کنید.

۷ ــ قدری کره آب شده که دردستور غذای چلومنظور شده کف قابلمه یا ظرف نسوز نسبتا بزرگی بریزید. نیمی از مخلوط برنج وعدس راکف ظرف پهن کنید. گوشت راروی آن بچینید و پیاز رابه آن اضافه کنید. بقیه مخلوط عدس وبرنج رابه قابلمه اضافه کنید.سوپی راکه از پختن گوشت تهیه شده روی برنج بپاشید.

۸ ــ عدس پلو باگوشت راطبق دستور چلودم کنید.

Zereshk Polo
(rice with currants*)

6 to 8 servings

1 cup currants*
1 cup lemon juice
3 cups uncooked rice and other
    ingredients in **chelo** recipe
¼ tsp. saffron dissolved in
    2 Tbs. hot water (optional)
1 cup sugar (optional)

DIRECTIONS FOR COOKING

1. Soak currants* in lemon juice overnight.
2. Cook rice according to recipe for *chelo* through Step 4.
3. Drain currants and mix with rice.
4. Continue steps in *chelo* recipe to end.
5. Optional: To serve, take ½ cup of the cooked rice and mix well with dissolved saffron; sprinkle over the rice in the serving dish. Also sprinkle top with sugar.

NOTE: This dish is an excellent accompaniment to any kind of baked chicken and goes very well with kuku qandi (see recipe, p. 138). See also *morgh-o polo*, p. 26.

* Originally dried barberries [*zereshk*], in which case, soak the berries in water, instead of lemon juice, for 30 minutes. See NOTE for *morgh-o polo*, p. 26.

Ālbālu Polo
(rice with tart cherries)

6 to 8 servings

3 cups uncooked rice and other ingredients
    in **chelo** recipe
2 cups fresh or 1 can tart cherries
2 to 3 Tbs. sugar
1 tsp. cinnamon (optional)

DIRECTIONS FOR COOKING

1. Follow directions for *chelo* through Step 4.
2. Drain cherries (if using canned) and mix cherries with rice.
3. Follow remaining steps for *chelo*. To serve, place rice on a platter and sprinkle with sugar and (if desired) cinnamon.

زرشک پلو

برای ۳تا ٤نفر

مواد لازم:

۱ فنجان زرشک
۳ فنجان برنج ودیگرمواد دستورغذای چلو
یک چهارم قاشق چایخوری زعفران که دردوقاشق غذاخوری آب داغ حل شده باشد(درصورت تمایل)
یک چهارم فنجان شکر(درصورت تمایل)

طرز تهیه:

۱ ــ زرشک رادرآب سرد بمدت نیم ساعت خیس کنید.
۲ ــ برنج راتامرحله ٤دستور چلوآماده کنید.
۳ ــ آب زرشکراخالی کنیدوباچلومخلوط کنید.
٤ ــ بقیه مراحل چلوراتاآخر دنبال کنید.
۵ ــ درصورت تمایل موقع کشیدن برنج نصف فنجان پلورا بامحلول زعفران درظرف جداگانه ای مخلوط کنید و پس ازآنکه زرشک پلورا دردیس بزرگی کشیدید برروی آن بپاشید. شکر منظور شده رانیز میتوانید روی آن بپاشید.

• درصورت دردست نبودن زرشک میتوان از کشمش ریزی معروف به کارنتنز(currants) استفاده نمود. درآنصورت اگرکشمش هارا ازشب قبل ازطبخ درآبلیمو بخوابانید درآنصورت کشمش ها مزه ای شبیه به زرشک میدهند.

آلبالو پلو

برای۳ تا ٤نفر

مواد لازم:

۳ فنجان برنج ودیگرمواد دستور غذای چلو
۲ فنجان آلبالوی تازه یک یک قوطی کنسرو آلبالو
۲ ــ ۳ قاشق غذاخوری شکر
۱ قاشق چایخوری دارچین(درصورت تمایل)

طرزتهیه:

۱ ــ برنج را طبق دستورچلوتامرحله ٤ آماده کنید.
۲ ــ اگرازکنسرو آلبالو استفاده میکنید آب آنرا خالی کرده وباچلو مخلوط کنیدواگر ازآلبالوی تازه استفاده میکنید چند دقیقه قبل ازآبکش کردن برنج آلبالورادرآن بریزید.
۳ ــ چلورا طبق دستور چلو دم کنید.
٤ ــ درموقع کشیدن برنج روی آن شکر بپاشید. درصورت تمایل دارچین هم بپاشید.

Kalam Polo
(rice with cabbage)

9 to 10 servings

3/4 lb. ground beef or lamb
1 1/2 tsp. salt
1/4 tsp. pepper
1/4 tsp. turmeric
1 large onion, grated
1 medium head of cabbage, shredded
1/4 cup butter or margarine
3 cups rice and other ingredients
     in **chelo** recipe
1 Tbs. butter

DIRECTIONS FOR COOKING

1. Mix together meat, spices, and onion and press flat into frying pan; brown over medium heat, then turn over to cook other side. Break into small strips and keep warm over very low heat.

2. Sauté cabbage in butter or margarine for 10 minutes; add to meat.

3. Prepare rice as in *chelo* through Step 4 (see p. 8).

4. Melt butter in bottom of large pot; spread evenly. Alternate 2 - 3 layers each of rice and cabbage-meat mixture in pot; cover the rim of pot with cloth or paper towel and lid. Steam over medium heat 20 - 30 minutes.

Bāqālā Polo
(fava or lima bean and dill weed rice)

4 to 6 servings

1 lb. fresh or 1 10-oz. package frozen fava*
     or lima beans
3 cups rice and other ingredients
     in **chelo** recipe
1/2 cup dried or 3/4 cup fresh dill weed

DIRECTIONS FOR COOKING

1. If using fresh beans, bring to a boil in 3 - 4 cups lightly salted water; reduce heat to medium and simmer for about 20 minutes or until beans are tender but not soft.

2. Remove beans from outer membrane; set aside. If using frozen beans, cook according to package directions; drain and set aside.

3. Cook rice in salted water according to directions for *chelo* through Step 4.

4. Combine the beans and dill weed with the rice.

5. Resume steps for *chelo*.

* Dried fava beans may be substituted for fresh or frozen beans. These are available in Iranian, Italian and Greek grocery stores. If dried beans are used, soak them in water for several hours until tender. Cook over moderate heat and then follow the directions above.

کلم پلو

برای ٤ تا ٥ نفر

موادلازم:

سه چهارم پاوند گوشت چرخ کرده
یک ونیم قاشق چایخوری نمک
یک چهارم قاشق چایخوری فلفل
یک چهارم قاشق چایخوری زردچوبه
١ پیاز بزرگ رنده شده
١ کلم متوسط رنده شده
یک چهارم فنجان کرده
٣فنجان برنج ودیگر مواد دستورچلو
١قاشق غذاخوری کره

طرز تهیه:

١ ــ گوشت چرخ کرده رابا ادویه وپیاز مخلوط کنید. این مخلوط رادرماهیتابه پهن کنید. بعدازاینکه دو طرف آن سرخ شد آنرا بصورت نوارهای باریکی ببرید وگرم نگهدارید.
٢ ــ کلم را بمدت ده دقیقه باکره(یک چهارم فنجان) داغ کنید(اجازه ندهید زیاد سرخ شود)
٣ ــ برنج را طبق دستورچلوتامرحله ٤ تهیه کنید.
٤ ــ کره(یک قاشق)راته قابلمه بزرگی آب کنید.بطورمتناوب مخلوطی ازچلو، گوشت وکلم درقابلمه بریزید وآنرا دم کنید. کلم پلو پس ازنیم ساعت آماده میشود.

باقلاپلو ساده

برای ٣ تا ٤ نفر

مواد لازم:

١بسته باقلای یخ‌زده یایک پاند(حدود ٤٥٠گرم) باقلای تازه
٣ فنجان برنج ودیگرمواد دستورچلو
نصف فنجان غذاخوری شوید(شِوِد) خشک یا سه چهارم فنجان شود تازه خرد شده

طرزتهیه:

١ ــ باقلارا طبق دستوربسته بپزید. درصورتی که باقلای تازه مصرف میکنید آنرادرآب کم نمک طوری بپزید که پخته شده ولی له نشده باشد. آب آنرا خالی کنید وباقلا رابکناری بگذارید.
٢ ــ برنج رادرآب نمک زده طبق دستورپختن چلوتامرحله ٤ بپزید.* سپس برنج،باقلا وشوید را مخلوط کنید ومانند چلوتامرحله آخر ادامه دهید.

*** درصورتیکه شوید تازه مصرف میکنید، چند دقیقه قبل ازصاف کردن برنج شوید خرد کرده راباچلوبپزید.**

Bāqālā Polo bā Gusht
(rice with fava beans, dill weed and meat)

6 to 8 servings

2 medium onions, sliced
4 Tbs. butter or margarine
1½ lb. shoulder of lamb or beef,
   cut in chunks
½ tsp. salt
½ tsp. pepper
¼ tsp. cinnamon

2 cups water
1 lb. fresh or 1 10-oz. package frozen fava
   (or lima) beans
3 cups rice and other ingredients in **chelo**
   recipe
¼ to ⅓ cup dried or ½ cup fresh chopped
   dill weed

DIRECTIONS FOR COOKING

1. Sauté onions in butter or margarine. Remove from skillet and set aside.

2. Sprinkle seasonings over meat and brown meat on all sides in butter remaining from sautéed onions. Then add water, cover, and let simmer from 30 to 40 minutes or until meat is tender.

3. If using fresh beans, bring to a boil in 3 to 4 cups lightly salted water; reduce heat to medium and simmer for about 20 minutes or until beans are tender but not soft. Remove beans from outer membrane; set aside. If using frozen beans, cook according to package directions; drain and set aside.

4. Follow recipe for *chelo* through Step 4.

5. Combine the beans and dill weed with the cooked rice.

6. Cover the bottom of the pot or casserole dish with about 1½ Tbs. of the melted butter allotted in the *chelo* recipe. Add half the rice mixture.

7. When the meat is quite tender (with about ¼ cup of water remaining), arrange it on top of the rice mixture in the pot. Place sautéed onions over the meat and top that with the remaining rice mixture.

8. Follow remaining steps for *chelo*.

باقلا پلو با گوشت

برای ٤ تا ٥ نفر

موادلازم:

۲پیازمتوسط خردشده
٤قاشق غذاخوری کره
یک ونیم پوندگوشت سردست گوسفند یاگاوتکه تکه شده
نصف قاشق چایخوری نمک
یک چهارم قاشق چایخوری فلفل
یک چهارم قاسق چایخوری دارچین
۲فنجان آب
۱پوند باقلای تازه یایک بسته۱۵ اونسی باقلای یخ زده
۳ فنجان برنج ودیگرمواد دستورچلو
یک چهارم تایکسوم فنجان شوید خشک یانیم فنجان شوید تازه خشک شده

طرز تهیه:

۱ ــ پیازرادرکره کمی سرخ کنید. باکفگیرپیازهارااز ماهیتابه بردارید.

۲ ــ ادویه هارا روی گوشت بپاشید ودربقیه کره سرخ کنید. آب به آن اضافه کنید وبمدت۳۰ تا ٤۰ دقیقه یاتاوقتیکه گوشت پخته شود روی آتش ملایم بپزید.

۳ ــ اگرازباقلای تازه استفاده میکنید درسه یاچهارفنجان آب کم نمک باقلا رابرای مدت بیست دقیقه بطوریکه پخته شود ولی له نشود طبخ کنید. درصورتیکه ازباقلای یخ زده استفاده میکنید، دستورروی بسته را دنبال کنید. آب باقلا رابریزید وبکناربگذارید.

٤ ــ برنج را طبق دستورچلوتامرحله ٤ آماده کنید.

۵ ــ باقلا، شوید وبرنج رامخلوط کنید.

٦ ــ کمی کره کف قابلمه یاظرف نسوزنسبتا بزرگی بریزید ونیمی ازپلورادرظرف خالی کنید.

۷ ــ موقعی که گوشت کاملا پخته شده وفقط یک چهارم فنجان سوپ باقی مانده گوشت را روی پلوبچینید. پیازسرخ کرده رابه گوشت اضافه کنید وبقیه پلوراروی آن بریزید.

۸ ــ پلورا طبق دستورچلودم کنید.

Havij Polo

(rice with meat and carrots)

6 to 8 servings

1 onion, thinly sliced
1/2 cup butter
1 lb. beef or lamb, cut in chunks
1/2 tsp. cinnamon
1/2 tsp. salt
2 cups water
8 medium carrots, peeled and thinly sliced
3 cups uncooked rice and other ingredients in ***chelo*** *recipe*
3 Tbs. sugar

DIRECTIONS FOR COOKING

1. In a skillet, sauté onion in butter. Remove from butter and set aside both onions and skillet (for browning meat).

2. Sprinkle meat with seasonings and brown in butter remaining from the sautéed onions. Transfer meat to a small pot. Set aside butter and skillet (for browning carrots).

3. Add water to pot with meat and bring to a boil; reduce heat and simmer for 30 to 40 minutes or until meat is tender.

4. Lightly brown carrots in butter (saved from browning meat). Remove carrots from butter and set aside both carrots and skillet (for making sauce).

5. When meat is tender, remove from water; mix meat with onions and set aside; also set water aside for making sauce.

6. Follow recipe for *chelo* through Step 4. After buttering the bottom of pot or casserole dish, arrange layers of rice, topped with meat and onion mixture, topped with carrots.

7. Pour water from cooking meat (about 1 cup) into skillet set aside from browning carrots and add sugar, mixing well until sugar is dissolved. Pour over layered rice, meat, and carrots.

8. Continue steps for *chelo*.

هویج پلو

برای ٤ تا ٥ نفر

موادلازم

۱ پیاز خرد کرده
نیم فنجان کره
۱ پوند گوشت گوسفند یا گاو تکه تکه شده
نصف قاشق چایخوری دارچین
نصف قاشق چایخوری نمک
۲ فنجان آب
۸ عدد هویج پوست کنده خلال شده
۳ فنجان برنج ودیگرمواددستور چلو
۳ قاشق غذاخوری شکر

طرز تهیه

۱ ـ پیاز را درماهیتابه ای سرخ کنید. باکفگیر پیازها رااز ماهیتابه بردارید.

۲ ـ ادویه ها راروی گوشت بپاشید ودرکره باقیمانده از پیاز سرخ شده خوب سرخ کنید. گوشت سرخ شده رادرقابلمه کوچکی بریزید وماهیتابه رابا کره باقیمانده برا سرخ کردن هویج کنار بگذارید.

۳ ـ آب رابه گوشت اضافه کنید و برای مدت ۳۰ تا ٤٠ دقیقه یا تاوقتیکه گوشت کاملا پخته شود طبخ کنید.

٤ ـ هویج راکمی در کره باقیمانده سرخ کنید. هویج سرخ شده رااز کره جدا کنید وکنار بگذارید.

٥ ـ وقتی گوشت پخته شدآنرااز سوپ جدا کنید و با پیاز سرخ شده مخلوط کنید.

٦ ـ برنج را طبق دستور چلو تامرحله ٤ آماده کنید. کف قابلمه یا ظرف نسوز نسبتا بزرگی لایه هائی از چلو، گوشت و پیاز و هویج بچینید.

۷ ـ سوپ باقیمانده رادرماهیتابه خالی کنید وشکر به آن اضافه نمائید تاشکر کاملا حل شود. این مخلوط رابروی پلو بپاشید.

۸ ـ پلورا طبق دستور چلودم کنید. دقت کنید حرارت اجاق یافر زیادنباشدچون شکرموجب سوختن ته قابلمه خواهدشد.

Sabzi Polo va Māhi
(vegetable rice with fish)

6 to 8 servings

3 cups rice and other ingredients in **chelo**
   recipe
2 bunches green onions, chopped
1 bunch parsley, chopped
1 bunch coriander, chopped (if coriander is
   not available, parsley can be substituted)

6 Tbs. butter or margarine
2½ lb. fish fillets
1½ tsp. salt
½ tsp. pepper
1 tsp. turmeric
2 Tbs. butter or margarine

DIRECTIONS FOR COOKING

1. Prepare rice as in *chelo*, p. 8, through Step 4.

2. Sauté green onions, parsley, and coriander in 5 Tbs. of the butter.

3. Combine rice and greens.

4. Use the remaining 1 Tbs. of butter to cover the bottom of a 4-quart pot; resume steps for *chelo*.

5. Sprinkle the fish with salt, pepper, and turmeric. In a skillet brown the fish on both sides in butter. Place fish on top of rice to steam during the final 10 - 15 minutes.

6. To serve: Remove the fish from the pot and proceed with Step 10 for *chelo*. Arrange the rice on a large platter; arrange the fish on top. Serve the *tahdig* in a separate dish.

Serve with slices of fresh lemon or yogurt.

NOTE: This dish is traditionally eaten on the Persian New Year, which corresponds with the first day of spring. Before refrigerated transport was common in Iran, fish used in most inland cities was smoked. The smoked fish was marinated in lemon juice, herbs, and yogurt overnight, then fried and served with *sabzi polo*.

سبزی پلو باماهی

برای ٤تا٥نفر

موادلازم:

۳فنجان برنج ودیگرمواد دستور چلو
۲ دسته پیازچه خردشده
۱دسته جعفری خردشده
۱دسته گشنیز خردشده(درصورتیکه گشنیز نباشد میتوانید بجای آن یکدسته دیگر جعفری اضافه کنید)
٦قاشق غذاخوری کره

۲ ونیم پوند ماهی
یک ونیم قاشق چایخوری نمک
یک ونیم قاشق چایخوری فلفل
یک قاشق چایخوری زرد چوبه
۲قاشق غذاخوری کره

طرز تهیه:

۱ ــ برنج رامانند دستور چلوتامرحله ٤ تهیه کنید.
۲ ــ پیازچه، جعفری وگشنیز را دربنج قاشق غذاخوری کره کمی سرخ کنید.
۳ ــ برنج رابا سبزی سرخ شده مخلوط کنید.
٤ ــ یک قاشق غذاخوری کره باقیمانده راردیگ متوسطی آب کنید وطبق دستور چلو بقیه مراحل راادامه دهید.
٥ ــ نمک، فلفل وزردچوبه راروی ماهی بپاشید وآنرادرماهیتابه ای سرخ کنید. ماهی سرخ شده را۱٥ دقیقه قبل ازدم کشیدن پلو روی آن قرار دهید.
٦ ــ برای کشیدن غذا ابتدا ماهی راازروی پلوبردارید. سبزی پلورادردیس بزرگی بکشید وسپس تکه های ماهی را برروی آن بچینید.

Shirin Polo

(sweet, saffron-flavored rice with chicken)

5 to 6 servings

peel of 2 oranges, cut into strips (1" x 1/8")*
½ cup butter
3 carrots, cut into strips (1" x 1/8")
1 cup slivered almonds
¾ cup sugar
1 tsp. ground saffron, dissolved in ½ cup warm water
¼ cup chopped, unsalted pistachios (optional)
2½ to 3 lb. chicken thighs or breasts
¼ cup vegetable oil
1 tsp. salt
5 cups water
2 medium onions, quartered
2 cups uncooked rice (6 to 7 cups cooked)
4 Tbs. salt

DIRECTIONS FOR COOKING

1. Place the orange peels into a small pan of cold water; bring to a boil; then drain the peels and run cold water over them.

2. Melt the butter over medium heat in a heavy skillet. Add the carrots, stirring occasionally, and cook for 10 minutes or until the carrots are soft.

Add the orange peel, almonds, sugar, and saffron to the carrots. Reduce heat to low and stir constantly until the sugar dissolves; cover and simmer for 20 - 30 minutes. (Add in the pistachios and cook a few minutes more.) Set aside.

3. Heat the oil in a heavy skillet. Pat the chicken dry with paper towels and brown on all sides in the oil. Remove the pieces to a plate; pour off and discard the fat in the skillet and return the chicken to the pan. Sprinkle with salt and arrange the onions on top. Add the water; bring to a boil over high heat; cover and reduce heat to low and simmer 30 minutes or until the chicken is tender. Discard the water.† (A short-cut: The chicken can also be browned and then cooked in a pressure cooker.) Remove the bones from the chicken and set aside.

4. Cook the rice in salted water following directions for *chelo* through Step 4 (see p. 8).

5. Preheat the oven to 350°. Butter the bottom and sides of a 3 - 4 quart casserole. Spread half the rice evenly over it, top with half the chicken, and then layer with half the carrot mixture. Repeat layers of rice, chicken, and carrot mixture. Cover tightly and bake for 30 minutes. (This dish freezes well; if frozen, bake for 1 hour.)

* Remove the pulp from the orange peels to make them tastier and less bitter.

† Makes an ideal soup base.

شیرین پلو

برای ۵تا ۶نفر

موادلازم:

خلال دو پرتقال بزرگ
نصف فنجان کره
۳ هویج بزرگ خلال شده
یک فنجان خلال بادام
سه چهارم فنجان شکر
یک قاشق چایخوری زعفران سابیده شده محلول در نیم فنجان آب گرم
یک چهارم فنجان پسته خلال شده(درصورت تمایل)

دو ونیم تاسه پاند ران یاسینه مرغ
یک چهارم فنجان روغن زیتون یاهر روغن گیاهی
یک قاشق چایخوری نمک
۵فنجان آب
۲پیاز متوسط قاچ شده
۲فنجان برنج(یا۶ تا۷فنجان چلو)
٤قاشق غذا خوری نمک

طرزتهیه:

۱ ــ خلال پرتقال رابا آب سرد درقابلمه کوچکی بریزید وآنرا برای چند دقیقه بجوشانید. آب آنرا خالی کنید و باآب سرد بشوئید تا تلخی خلال شسته شود.

۲ ــ کره رادرماهیتابه ای آب کنید وهویج رابرای مدت ده دقیقه درآن کمی سرخ کنید. خلال پرتقال، خلال بادام، شکر ومحلول زعفران را به آن اضافه کنید. حرارت زیرماهیتابه را کم کنید. مخلوط راخوب بهم بزنید تاشکر آب شود. درآنرا ببندید وباحرارت خیلی ملایم برای مدت ۲۰ تا ۳۰ دقیقه آنرا بپزید. اگراز پسته هم استفاده می کنید چند دقیقه مدت طبخ افزایش می یابد. مخلوط آماده شده را ازروی اجاق بردارید وکناری بگذارید.

۳ ــ روغن زیتون رادرماهیتابه عمیقی بریزید.مرغ شسته شده راخشک کنید ودرروغن داغ شده خوب سرخ کنید. مرغ های سرخ شده رادربشقابی بگذارید. روغن ماهیتابه راخالی کنید ودوباره مرغها را درماهیتابه قراردهید. کمی نمک روی آن بپاشید وتکه های پیاز راروی آن بچینید. کمی آب به آن اضافه نمائید(۵فنجان). اجازه بدهید بمدت نیم ساعت پخته شود.سوپ مرغ را جداکنید.(این مرحله رامیتوان دریک دیگ زودپزنیز انجام داد). استخوانهای مرغ رازگوشت جداکنید.

٤ ــ برنج را طبق دستورپختن چلوتامرحله ٤ بپزید.

۵ ــ درجه حرارت فررا روی ۳۵۰ درجه فارنهایت بگذارید وحدودا ۱۰ دقیقه آنرا گرم کنید. ظرف نسوزنسبتا بزرگی را کاملا کره بمالید ومقداری ازخلالهارا پدن کنید. اینکاررا آنقدرادامه دهید تاخلالها و چلوتمام شود. روی ظرف را بپوشانید(اگرظرف شمادرندارد از کاغذ آلومینیوم استفاده کنید.) پلورابرای مدت نیم ساعت دم کنید. درصورتیکه ازقابلمه بجای ظرف نسوزاستفاده میکنید، شیرین پلورا روی حرارت کم مطابق دستورچلودم کنید.

Morgh-o Polo
(chicken with rice and currants*)

6 to 8 servings

1 cup currants*
1/2 cup lemon juice
2 lb. chicken (thighs or breasts are
    recommended)

1/2 tsp. salt
2 Tbs. butter or margarine
3 cups uncooked rice and other ingredients in
    chelo recipe

DIRECTIONS FOR COOKING

1. Soak currants* in lemon juice overnight.

2. Sprinkle chicken with cinnamon and salt; brown in butter on all sides and set aside.

3. Follow recipe for *chelo* through Step 4. Spread some of the butter allotted in the *chelo* recipe on the bottom of a large pot and sprinkle several spoonsful of the cooked rice on the bottom of the pot and arrange chicken on top of it.

4. Drain currants (or barberries). Sprinkle several spoonsful over the chicken.

5. Mix the remaining currants with the rice and pile the mixture over the chicken.

6. Continue steps for *chelo*.

NOTE: This recipe, as it is made in Iran, calls for dried barberries *(zereshk)*, which are much more sour than currants. If dried barberries are used, they should be soaked in water, instead of lemon juice, for 30 minutes. Currants soaked in lemon juice, as this recipe calls for, will produce somewhat the flavor and texture of the original recipe.

If fresh barberries are used, simply rinse with water and ignore the draining part of Step 4.

* Or barberries.

مرغ و پلو

برای ٤تا٥نفر

موادلازم:

١ فنجان زرشک*
٢پوند مرغ
١قاشق چایخوری دارچین یاادو یه پلو درصورت امکان**

نصف قاشق چایخوری نمک
٢قاشق غذاخوری کره
٣فنجان برنج ودیگرمواد دستور چلو

طرزتهیه:

١ ــ زرشک رادرآب سرد خیس کنید.
٢ ــ ادو یه هارا روی مرغ بپاشید ودرکره سرخ کنید.
٣ ــ برنج را طبق دستور چلوتامرحله ٤ آماده کنید. کمی کره کف قابلمه نسبتا بزرگی بر یز ید و یک کفگیرپلو کف قابلمه پخش کنید. تکه های مرغ را روی آن بچینید.
٤ ــ آب زرشک راخالی کنید وچند قاشق آنراروی مرغ ها بپاشید.
٥ ــ بقیه زرشک راباچلومخلوط کنید وروی مرغ بر یز ید.
٦ ــ چلوراطبق دستورچلودم کنید.اگرتکه های مرغ بزرگ هستند مدت دم کردن آن باید در حدود یک یا یک ونیم ساعت باشد.

* درصورت در دست نبودن زرشک میتوان از کشمش ریزی استفاده کرد که توضیح آن در دستور زرشک پلو داده شده است.
** ادو یه پلومخلوطی از دارچین(١قسمت) وگلسرخ(٢قسمت) می باشد.

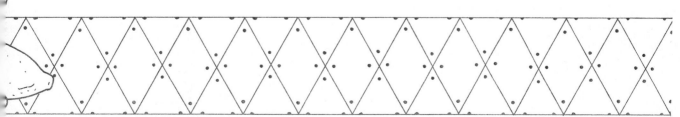

Tah Chin
(chicken in a crust of saffron-flavored rice)

6 to 8 servings

3 cups uncooked rice
1½ cups yogurt
½ tsp. saffron
2 Tbs. hot water

2 egg yolks
5 to 6 Tbs. butter
3 lbs. chicken, cut in serving-size pieces
5 to 6 Tbs. butter or margarine, melted

DIRECTIONS FOR COOKING

1. Cook rice according to recipe for *chelo*, p. 8, through Step 4.

2. Mix 3 cups of the cooked rice in a separate bowl with yogurt.

3. Dissolve saffron in hot water and add to rice mixture. Add egg yolks and stir.

4. Melt butter in a large, wide-bottomed (preferably non-stick) pot. Arrange pieces of chicken at the bottom of the pot; pour rice and yogurt mixture over chicken and smooth the top. Add the remaining plain rice on top and pour melted butter evenly over it. Cover the pot lid, as in Step 8 of the *chelo* recipe, with a dish towel and place tightly on the pot. Cook over medium heat for 10 - 15 minutes, then reduce to low heat and cook 40 - 50 minutes more.

5. If using a non-stick pot, when ready to serve, place serving dish over the pot and turn pot upside down and remove the pot. The *tah chin* will, then, sit on the serving dish like a cake. With other pots, before removing the lid, soak the bottom of the pot in cold water for a few minutes. This will help loosen the crust. Then, remove the loose, white rice from the top and ar-range on serving platter. Next, break the saffron rice with chicken into pieces and position around and on top of the loose rice or on a separate serving dish.

6. This dish can also be prepared without the plain rice and baked, covered, in a large, oblong pyrex baking dish, in which case the chicken should be browned lightly on both sides in butter or margarine, arranged evenly in the bottom of the lightly greased baking dish. Follow the steps above for the rice and yogurt mixture and pour over the chicken. Bake in a moderate, 350°, oven for 1 hour.

ته چین

برای ۵تا۶نفر

موادلازم:

۳فنجان برنج
یک ونیم فنجان ماست
یک ونیم قاشق چایخوری زعفران محلول در۲قاشق غذاخوری آب گرم
۲ قاشق غذاخوری آب داغ

۲ زرده تخم مرغ
۵تا۶ غذاخوری کره
۳پوند مرغ قطعه قطعه شده
۵تا۶ قاشق غذاخوری کره آب شده

طرز تهیه:

۱ ـ چلورا طبق دستورمربوط تامرحله ٤ آماده کنید.

۲ ـ ۳فنجان چلورا درظرف جداگانه ای باماست مخلوط کنید.

۳ ـ محلول زعفران و زرده های تخم مرغ را به چلوماست اضافه نمائید و خوب مخلوط کنید.

٤ ـ کره را درقابلمه بزرگی(اگرنچسب باشد بهتراست) آب کنید. تکه های مرغ رادرکف قابلمه بچینید ومخلوط چلوماست وتخم مرغ رابه آن اضافه کنید. مخلوط رادرکف قابلمه پهن کنید. بقیه چلو راروی مخلوط اضافه کنید وکره آب شده راروی آن بریزید. درقابلمه را بپوشانید وابتدا برای ۱۰تا۱۵ دقیقه روی حرارت متوسط وبعد برای مدت ٤۰تا۵۰ دقیقه روی حرارت کم دم کنید.

۵ ـ اگرازظرف نچسب استفاده می کنید برای کشیدن برنج دیس بزرگی راروی درقابلمه قراردهید. بعد با وارونه کردن قابلمه چلوته چین در دیس قرارمیگیرد. اگر ازقابلمه های معمولی استفاده میکنید بدون برداشتن درآن کف قابلمه را برای چند دقیقه درآب سرد قراردهید تاته چین از کف قابلمه جداشود، آنگاه چلورا در ظرفی جداگانه بکشید وته چین را با کفگیر بصورت قطعاتی ازکف قابلمه جدا کرده ودرظرفی بچینید.

۶ ـ ته چین رامیتوان بدون چلوی اضافی نیزتهیه کرد. درصورت تمایل ازهمین دستور استفاده کنید ولی مقدار برنج رابه یک فنجان تقلیل دهید.

Estāmboli Polo
(rice with meat, tomatoes, and green beans)

6 to 8 servings

>   3 cups rice
>   1 lb. fresh or frozen green beans
>   2 medium onions, halved and sliced
>   1/3 cup butter or margarine
>   1 1/2 lb. beef or lamb tenderloin,
>   cut in 1" x 1/4" strips
>   1 tsp. salt
>   1 tsp. turmeric
>   1/2 tsp. pepper
>   5 large tomatoes, cut in 1/2" slices
>   3 Tbs. lemon juice
>   1/2 cup water

DIRECTIONS FOR COOKING

1. Follow recipe for *chelo* (p. 8) through Step 4; set rice aside.

2. Wash, snip ends off green beans and cut into 1 1/2" pieces. Boil in slightly salted water 10 - 15 minutes or until slightly undercooked; set aside. If using frozen beans, thaw and set aside.

3. Sauté onions in a skillet, using all but 1 Tbs. of the butter, which will be set aside. Add meat and seasonings and sauté until meat is tender, 10 - 15 minutes. Add remaining ingredients and simmer over low heat for 20 minutes. Add fresh cooked or frozen green beans; simmer another 10 minutes or until beans are tender.

4. Melt remaining butter, pour in bottom of pot or casserole dish.

5. Gently mix together rice and sauce in mixing bowl, then, transfer to buttered pot or casserole. If using a pot, cover with a dish towel and steam over medium-low heat for 30 minutes. If using a casserole dish, cover and bake in moderate, 350°, oven for 30 minutes.

Shir Berenj
(rice pudding)

4 to 5 servings

>   1/2 cup rice
>   2 cups water
>   1/2 tsp. salt
>   3 cups milk
>   1/4 tsp. cardamom
>   sugar and cinnamon (optional) or date juice
>   (can substitute pancake syrup)

DIRECTIONS FOR COOKING

1. Place rice, water, and salt in a medium-size pot over medium heat and simmer for 15 - 20 minutes or until rice is soft.

2. Add milk and cardamom and simmer for 20 - 30 minutes more. Stir occasionally to prevent sticking.

3. Can be served either warm or cold, sprinkled with sugar and cinnamon (optional) or with date juice poured over the top.

استانبولی پلو

برای ٤تا٥نفر

موادلازم:

۳ فنجان برنج
۱ پوند لوبیا سبز
۲پیاز متوسط خرد کرده
یک سوم فنجان کره
یک ونیم پوند گوشت گاو یا گوسفند که بصورت تکه های نازکی خرد سده باشد
۱ قاشق چایخوری نمک
۱ قاشق چایخوری زردچوبه
یک ونیم قاشق چایخوری فلفل
۵عدد گوجه فرنگی بزرگ قاچ شده
۳ قاشق غذاخوری آب لیمو
نصف فنجان آب

طرز تهیه:

۱ ــ چلوراطبق دستورمربوطه تامرحله ٤ آماده کنید.

۲ ــ لوبیا سبز رابشوئید. بعدازگرفتن سر ودم،آن رابقطعات ۲ سانتیمتری خردکنید، ودرآب کم نمکی برای ۱۰تا۱۵ دقیقه خیس نمائید. اگرازلوبیا سبز یخ زده استفاده میکنید مدت طبخ فقط چند دقیقه است.

۳ ــ پیاز رادرماهیتابه ای درتمام بجزیک قاشق غذاخوری کره سرخ کنید. گوشت و ادویه هارابه پیاز سرخ کرده اضافه کرده و برای مدت۱۵ دقیقه بپزید تاگوشت نسبتا پخته شود. تمام مواد باقیمانده را به این مخلوط اضافه کرده و باحرارت کم۲۰ دقیقه دیگربپزید. لوبیا سبز رااضافه کنید ومجددا۱۰ دقیقه دیگربپزید تالوبیا سبز نسبتا پخته شده ولی له نشود.

٤ ــ بقیه کره راآب کنید ودرته قابلمه یایک ظرف نسوز بریزید.

۵ ــ درظرف بزرگی چلوومواد آماده شده را مخلوط کنید. سپس آنراتوی قابلمه یاظرف نسوز بریزید. اگرازقابلمه استفاده می کنید در قابلمه را بادمی بپوشانید وبرای مدت۳۰ دقیقه دم کنید. درصورتیکه ازظرف نسوز استفاده می کنید سرآن راپپوشانید و بمدت ۳۰ دقیقه درحرارت ۳۵۰ درجه فارنهایت درفر بپزید.

شیر برنج

برای۲تا۳نفر

موادلازم:

نصف فنجان برنج
۲فنجان آب
نصف قاشق چایخوری نمک
۳فنجان شیر
یک چهارم قاشق غذاخوری هل سائیده شده
درصورت تمایل شکر و دارچین و یاشیره خرما

طرزتهیه:

۱ ــ برنج راباآب ونمک درظرف متوسطی برای مدت۱۵ تا ۲۰ دقیقه یاتا وقتیکه برنج نرم شود بپزید.

۲ ــ شیر وهل رابه آن اضافه کنید. ۲۰تا ۳۰ دقیقه دیگرباحرارت خیلی کم بپزید. لازم است گاه گاه مخلوط رابهم بزنید تاشیربرنج ته نگیرد.

شیربرنج را میتوان سرد یاگرم باکمی شکر ودارچین و یاشیره خرما میل کرد.

Reshteh Polo

(rice with noodles and meat)

8 to 10 servings

2 medium onions, chopped
1/4 cup butter
3/4 cup raisins or chopped dates
2 lb. lean lamb or beef, cut in 1/2" cubes
1 tsp. salt
1/2 tsp. turmeric
1/2 tsp. cinnamon
1/4 tsp. pepper
2 to 3 Tbs. lemon juice
2 cups water
1/2 lb. thin spaghetti noodles
3 cups uncooked rice and other ingredients in ***chelo*** *recipe*

DIRECTIONS FOR COOKING

1. In a skillet, sauté onions in butter. Stir in raisins or dates, then remove from butter and set skillet aside.

2. Sprinkle seasonings over meat and brown in the skillet. Add water and lemon juice, simmer for 30 - 40 minutes or until meat is tender.

3. Cook noodles according to package instructions; drain, rinse, and set aside.

4. Cook rice according to the directions for *chelo* through Step 4 and set aside.

5. Use some of the butter allotted in *chelo* recipe to cover the bottom of a large pot. Arrange layers of rice, onion and raisin (or date) mixture, noodles, and meat. Pour over remaining butter and continue steps for *chelo*.

Kateh

(boiled rice)

5 to 6 servings

2 cups rice
4 cups water
1 1/2 tsp. salt
3 Tbs. butter or margarine

DIRECTIONS FOR COOKING

1. Combine all ingredients in a medium-size pot.

2. Bring to a boil; reduce heat to medium-low and simmer lightly for 30 - 40 minutes. Serve with yogurt at the side.

For variety, this rice can also be made with the addition of one of the following ingredients, added along with the above ingredients, and served with yogurt as either a main or side dish:

2 Tbs. caraway seeds ***(kateh-ye zireh Kermāni)***
2 Tbs. dill weed ***(kateh-ye shevid)***
1 cup lentils ***(kateh-ye adas;*** 6 to 8 servings)
1 cup mung beans ***(kateh-ye māsh;*** 6 to 8 servings)

رشته پلو

برای ۵ تا ۶ نفر

موادلازم:

۲پیاز متوسط خردشده
یک چهارم فنجان کره
سه چهارم فنجان کشمش یاخرمای خردشده
۲پوند گوشت گوسفند یاگاو کم چربی(سردست یاران)
۱قاشق چایخوری نمک
نیم قاشق چایخوری زردچوبه
نیم قاشق چایخوری دارچین
یک چهارم قاشق چایخوری فلفل
۲تا۳ قاشق غذاخوری آب لیمو
۲فنجان آب
نیم پوند رشته نازک
۳فنجان برنج ودیگرمواد دستورچلو

طرزتهیه:

۱ ــ پیاز راسرخ کنید. کشمش یاخرما رابه آن اضافه کنید وکناری بگذارید.
۲ ــ ادویه هارا روی گوشت بپاشید. گوشت راسرخ کنید. آب وآب لیمو رابه آن اضافه کنید وبمدت ۳۰تا ۴۰ دقیقه یاتاوقتی که گوشت خوب بپزد روی حرارت ملایم طبخ کنید.
۳ ــ رشته راطبق دستوربسته آماده کنید. آب آنراخالی کنید وکناربگذارید.
۴ ــ برنج راطبق دستورچلو تامرحله ۴ آماده کنید وکناربگذارید.
۵ ــ قدری کره کف قابلمه نسبتا بزرگی بریزید. لایه هائی از چلو ومخلوط پیاز وکشمش یاخرما وگوشت درقابلمه قراردهید.بقیه کره و سوپ گوشت راروی پلوبپاشید ومانند دستورچلودم کنید.

کته

برای ۲ تا ۴ نفر

موادلازم:

۲فنجان برنج
۴فنجان آب
نیم قاشق چایخوری نمک
۳قاشق غذاخوری کره

طرزتهیه:

۱ ــ تمام مواد رادرقابلمه متوسطی بریزید.
۲ ــ مخلوط راجوش بیاورید. حرارت راکم کنید وبرای مدت ۴۰ دقیقه باحرارت کم بپزید.
با اضافه کردن مواد زیرمیتوان کته های مختلفی تهیه کرد:
۱ ــ کته زیره سیاه بااضافه کردن۲ قاشق غذاخوری زیره سیاه.
۲ ــ کته شوید بااضافه کرد ۲ قاشق غذاخوری شوید خشک.
۳ ــ کته عدس بااضافه کردن ۱فنجان عدس.
۴ ــ کته ماش بااضافه کردن ۱ فنجان ماش.

khoreshes and khorāks

Khoreshes are simply stew-type dishes that generally are served over rice. In Iran, they are often quite time consuming to make in terms of cleaning and readying the various ingredients. But, thanks to modern technology, which affords the customer relatively clean vegetables as well as machines that handle chopping with great speed, not to mention a few shortcuts, most of the following *khoresh* recipes are quite simple and quick to prepare. They have been selected, for the most part, because they are among the most popular dishes in Iran and because their ingredients are readily available.

This section also features dishes called *khorāks.* Whereas *khoreshes,* as mentioned, are generally served over rice, *khorāks* are not, but are, rather, considered meals in themselves and are usually served with bread and pickled vegetables or salad.

Fesenjān
(braised poultry in walnut and pomegranate sauce)

8 to 10 servings

2½ cups walnuts, finely ground
2 medium onions, grated
¼ cup butter or olive oil
4½ to 5 lb. chicken or duck, cut in
   serving-size pieces
½ tsp. cinnamon
¼ tsp. freshly ground pepper

2 tsp. salt
4 to 5 Tbs. tomato paste
2 Tbs. lemon juice
3 to 4 Tbs. sugar
2½ cups water
¼ cup bottled pomegranate syrup *

DIRECTIONS FOR COOKING

1. Brown walnuts in heavy skillet, stirring constantly to prevent burning. Transfer walnuts to a 5 - 6 quart pot.

2. Brown onions lightly in butter or oil. Remove onions with slotted spoon and add to walnuts. Set skillet aside.

3. Add all remaining ingredients except chicken/duck to walnut and onion mixture. Mix well. Simmer over low heat for 10 minutes.

4. Brown poultry in skillet, adding butter if necessary. Add meat to sauce, cover, simmer for approximately 1 hour more, stirring occasionally to prevent sticking.†

Serve over plain rice.

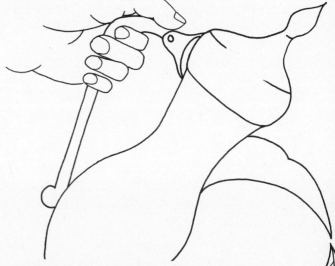

* 2½ cup pomegranate juice can be substituted for syrup and water; if pomegranate syrup or juice is not available, 1 can of cranberry jelly can be substituted, in which case the sugar should be eliminated altogether or at least reduced. (Although unorthodox, cranberry jelly makes an excellent substitute for pomegranate in this recipe, and has been served to many Iranians without their knowing it was not pomegranate.)

‡ Shortcut: Poultry can be browned and then cooked in a pressure cooker, added to simmered sauce, and simmered for 10 minutes more, together.

فسنجان

برای ۵ تا ۶ نفر

موادلازم:

دو ونیم فنجان گردوی کوبیده
۲ پیاز متوسط رنده شده
یک چهارم فنجان کره یا روغن
چهار ونیم تا پنج پوند مرغ یا اردک(بهتراست تکه تکه باشد)
نصف قاشق چایخوری دارچین
یک چهارم قاشق چایخوری فلفل
۲ قاشق غذاخوری رب گوجه فرنگی
۲ قاشق غذاخوری آب لیمو
دو ونیم فنجان آب
یک چهارم فنجان رب انار*

طرز تهیه:

۱ ــ گردو را درماهی تابه ای سرخ کنید(گردو رابايد مرتبا بهم زد تا نسوزد) سپس آنرا درقابلمه متوسطی بریزید.

۲ ــ پیاز خرد کرده رادر کره یا روغن زیتون سرخ کنید. بعد با کفگیر پیاز رااز روغن جداکرده وبه گردو اضافه نمائید.

۳ ــ تمام مواد باقیمانده را بغیراز مرغ یااردک به مواد قابلمه اضافه کرده وخوب مخلوط کنید. این مخلوط رابرای ده دقیقه روی حرارت کم بپزید.

٤ ــ مرغ یا اردک رادرماهیتابه سرخ کنید. اگرلازم است کمی کره به آن اضافه کنید. مرغ یااردک سرخ شده را بمخلوط اضافه نمائید وبرای مدت تقریبا یکساعت روی حرارت کم بپزید. گاهگاه فسنجان رابهم بزنید تاته نگیرد.**

* درصورت نداشتن رب انارمیتوان ازدوونیم فنجان آب انار استفاده کرد. اگرآب انار هم دردسترس نیست میتوانیداز یک قوطی ژله«کرن بری*»استفاده کنید.دراینصورت شکر لازم نیست گرچه استفاده ازاین ژله درایران اصلا معمول نیست ولی طعم فسنجانی که به این صورت درست میشود کاملا به فسنجان با رب انار شباهت دارد.

** راه آسانتر: مرغ یا اردک را میتوان پس ازسرخ کردن در یک دیگ زودپزپخت وبعد بمخلوط اضافه کرد. دراینصورت فقط لازم است حدود ده دقیقه دیگر فسنجان رابرروی حرارت ملایم پخت.

* cranberry

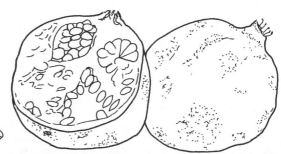

Khoresh-e Morgh-o Ālu
(chicken and prune "stew")

4 to 6 servings

2 lb. chicken
2 Tbs. cooking oil or margarine
1 lb. dried prunes, unpitted*
1 medium onion, quartered
2 tsp. salt

2 tsp. turmeric
4 cups water
2 large potatoes
¼ cup sugar
¼ cup lemon juice

DIRECTIONS FOR COOKING

1. Remove skins from chicken. Cut into serving-size pieces. Brown in oil or margarine.

2. Put chicken, prunes, onion, salt, and turmeric along with water in a 4 - 5 quart pot. Bring to a boil; reduce heat to medium and simmer 30 - 40 minutes or until chicken is well cooked and prunes are soft.

3. Peel potatoes; halve and slice about ½" thick. Add to prune-chicken mixture along with sugar. Simmer 15 minutes more.

4. Add lemon juice; stir.

Serve with rice.

NOTE: Sugar and lemon juice can be adjusted according to taste, as the sweetness or sourness of the variety of prune used may vary. The end product should be a mild blend of sweet and sour.

* Unpitted prunes retain their shape, whereas pitted prunes tend to fall apart.

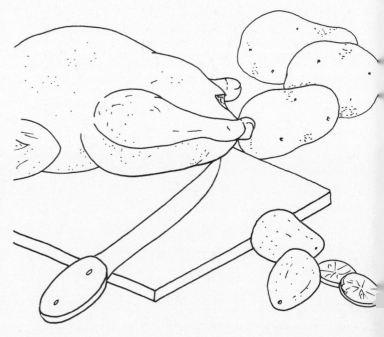

خورش مرغ وآلو

برای ۳تا ٤نفر

موادلازم:

۲پوند مرغ(تکه های سینه یاران)
۲قاشق غذاخوری روغن نباتی مایع یاجامد
۱پوند آلو
۱عدد پیاز قاچ شده
۲قاشق چایخوری نمک
۲قاشق چایخوری زردچوبه
٤فنجان آب
۲عدد سیب زمینی بزرگ
یک چهارم فنجان شکر
یک چهارم فنجان آب لیمو

طرزتهیه:

۱ ــ پوست مرغ رابکنید وآنرادر روغن کمی سرخ کنید.
۲ ــ مرغ، آلو، پیاز، نمک وزرد چوبه را باآب درقابلمه ای بریزید وبجوش بیاورید.آنگاه حرارت آنرا کم کرده و برای مدت سی تاچهل دقیقه بپزید تامرغ وآلو هردوپخته شوند.
۳ ــ سیب زمینی هارا پوست بکنید وازوسط ببرید وبقطعات کوچک تقسیم بکنید. سیب زمینی راباشکربه خورش اضافه کرده و۱۵ دقیقه دیگربپزید.
٤ ــ چند دقیقه قبل ازکشیدن،آب لیموبه خورش اضافه نمائید.
توجه: مقدار شکر وآب لیمو رامیتوانید باندازه ای که مایل هستید کم وزیاد کنیدزیرا شیرینی یا ترشی آلوبستگی به نوع آن دارد.

Khoresh-e Karafs
(celery "stew")

4 to 5 servings

> 4 Tbs. butter
> 1 lb. stew beef cut in 1" cubes
> 1 large onion, finely chopped
> ½ tsp. pepper
> 1 tsp. salt
> 1 tsp. cinnamon
> ¼ tsp. nutmeg
> 1 tsp. turmeric
> 2 cups water
> 4 Tbs. butter
> 4 cups diced celery
> 1 cup chopped parsley
> 1 Tbs. dried or 2 Tbs. chopped fresh mint
> ½ cup lemon juice

DIRECTIONS FOR COOKING

1. Sauté onion in butter.

2. Add meat and seasoning and brown.

3. Add water to the meat, cover, and let cook for about 30 minutes or until the meat is tender.

4. Melt 4 tablespoons butter in a skillet, add celery and parsley, and sauté for 10 minutes.

5. Add the sautéed vegetables, mint, and lemon juice to the meat and let simmer for another 15 - 20 minutes.

Serve over plain rice.

Khoresh-e Kadu
(zucchini "stew")

4 to 5 servings

> 8 small zucchini
> 3 Tbs. butter
> 1 medium onion, sliced
> 2 Tbs. butter
> 4 tomatoes (or 1 16-oz. can peeled tomatoes)
> ¼ cup water (if using fresh tomatoes)
> 1 tsp. salt
> ¼ tsp. pepper
> 1 tsp. turmeric

DIRECTIONS FOR COOKING

1. Peel zucchini; cut evenly in half lengthwise.

2. Melt butter in skillet. Brown zucchini well on both sides. Add more butter as needed. Remove to medium-size pot.

3. Brown onion in skillet; add to zucchini.

4. Cut tomatoes in half and arrange cut side down over zucchini.

5. Combine water (or juice from can), salt, pepper, and turmeric; mix well. Pour over zucchini. Simmer over low heat 30 minutes.

Serve over rice.

خورش کرفس

برای ۲ تا ۳ نفر

مواد لازم:

٤ قاشق غذاخوری کره
۱ پوند گوشت خورشتی
نصف قاشق چایخوری فلفل
۱ قاشق چایخوری نمک
۱ قاشق چایخوری دارچین
یک چهارم قاشق چایخوری جوز سائیده شده
یک قاشق چایخوری زردچوبه
۲ فنجان آب
٤ قاشق غذاخوری کره
٤ فنجان کرفس خرد شده
۱ فنجان جعفری یا گشنیز خردشده
۱ قاشق غذاخوری نعنای خشک یا ۲ قاشق غذاخوری نعناع تازه خرد شده
نصف فنجان آب لیمو

طرزتهیه:

۱ ــ پیاز را درکره سرخ کنید.
۲ ــ گوشت وادویه هارا به آن اضافه نمائید وکاملا سرخ کنید.
۳ ــ آب رابه گوشت وپیاز اضافه نمائید وبرای مدت ۳۰ دقیقه یاتاوقتیکه گوشت پخته شود روی حرارت ملایم طبخ کنید.
٤ ــ کرفس وجعفری وگشنیز رادرماهیتابه ای باکره کمی سرخ کنید.
۵ ــ کرفس وگشنیز سرخ شده، نعناع وآب لیمو رابه گوشت اضافه کنید ودرقابلمه متوسطی برای مدت ۱۵ تا ۲۰ دقیقه دیگر بپزید.

خورش کدو

برای ۲ تا ۳ نفر

موادلازم:

۸ عدد کدوخورشتی
۳ قاشق غذاخوری کره
۱ پیازمتوسط خردشده
۲ قاشق غذاخوری کره
٤ عدد گوجه فرنگی یایک قوطی کنسرو گوجه فرنگی
یک چهارم فنجان آب (درصورتیکه از گوجه فرنگی تازه استفاده می کنید)
۱ قاشق چایخوری نمک
یک چهارم قاشق غذاخوری فلفل
۱ قاشق غذاخوری زردچوبه

طرزتهیه:

۱ ــ کدوهارا پوست بکنید واز درازا به دونیم کنید.
۲ ــ کره هارادرماهیتابه آب کنید وهردوی قطعات کدورادرآن سرخ کنید وبعدازسرخ شدن درقابلمه متوسطی بگذارید.
۳ ــ پیازراکمی سرخ کنید وروی کدوها بریزید.
٤ ــ گوجه فرنگی هارا به دونیم کنید وروی کدو وپیاز بچینید.
۵ ــ آب(ویامایع کنسرو گوجه فرنگی)، نمک، فلفل وزردچوبه را خوب مخلوط کنید وروی کدو بریزید. ۳۰ دقیقه خورشت کدورا طبخ کنید.

• درصورت تمایل میتوان خورش کدورا با گوشت هم درست کرد. برای دستور کدو باگوشت به دستور خورش بادمجان مراجعه کنید.

Qeymeh
(yellow split pea "stew")

4 to 6 servings

2 Tbs. butter
1 large onion, *sliced*
4 cups water
1 tsp. salt
1 tsp. turmeric
¼ tsp. pepper
1 lb. lean ground beef (or beef cut in cubes*)
1 cup dried yellow split peas
1 medium potato, cut in ½" cubes
1 Tbs. tomato paste
2 tomatoes, quartered
1 Tbs. dried lemon flakes
   (or 4 Tbs. lemon juice)†

DIRECTIONS FOR COOKING

1. Melt butter in heavy pot and sauté onion. Add water and seasonings; bring to a boil.

2. Make meatballs about 1" in diameter (if using beef cubes, brown well in butter) and drop in boiling water and onion mixture one at a time.

3. Add split peas and simmer 20 minutes.

4. Add potatoes, simmer 10 minutes more.

5. Add tomato paste, tomatoes, and lemon. Simmer over low heat for 15 minutes.

Serve over *chelo* or as a side dish to be mixed with *ash-e reshteh.*

VARIATION: Eliminate potato cubes from the list above and instead garnish the dish with crisp and thin french fries before serving.

* If serving over *chelo.*

† Traditionally juice of sour grapes (*ab ghureh*) is used instead of lemon juice.

Qelyāpiti
(chicken livers)

6 servings

2 large onions, *chopped*
½ cup butter or margarine
2 lb. chicken livers
2 tsp. salt
1 tsp. pepper
1 tsp. turmeric
¼ cup lemon juice
2 cups water

DIRECTIONS FOR COOKING

1. Sauté onions in butter.

2. Add liver and seasonings. Mix gently. Sauté for 5 minutes or until all sides of liver are lightly browned.

3. Add lemon juice and water. Cover and let simmer over medium heat for 10 - 15 minutes.

Serve with flat bread and yogurt or over rice with yogurt.

قیمه

برای ۲تا۳نفر

موادلازم:

۲قاشق غذاخوری کره
۱ پیاز بزرگ خرد شده
٤ فنجان آب
۱قاشق چایخوری نمک
۱قاشق چایخوری زردچوبه
یک چهارم قاشق چایخوری فلفل
۱پوند گوشت چرخ کرده یاگوشت خورشتی
۱ فنجان لپه
۱عدد سیب زمینی پوست کنده وقطعه قطعه شده
۱ قاشق غذاخوری رب گوجه فرنگی
۲عدد گوجه فرنگی قاچ شده
۲لیموعمانی درسته یا٤ قاشق غذاخوری آب لیمو

طرزتهیه:

۱ ــ پیاز راسرخ کنید وآب به آن اضافه نمائید ودرقابلمه ای بجوش بیاورید.
۲ ــ درصورتیکه ازگوشت چرخ کرده استفاده میکنید گلوله های کوچکی ازگوشت درست کرده درداخل آب بریزید،(اگرازگوشت خورشتی استفاده میکنید آنراکمی سرخ کنید.)وحدود ۳۰ دقیقه باحرارت ملایم بپزید. درصورتیکه ازلیموعمانی استفاده میکنید آنرانیز اضافه کنید.
۳ ــ لپه رابه این مخلوط اضافه کردهو۲۰ دقیقه دیگر روی حرارت ملایم بپزید.
٤ ــ سیب زمینی رااضافه کرده و۱۰ دقیقه دیگر طبخ کنید.*
۵ ــ گوجه فرنگی، رب گوجه فرنگی وآب لیمورا به قیمه اضافه کنید و۱۵ دقیقه دیگر روی حرارت ملایم بپزید.

* سیب زمینی رامیشود خلال کرده، سرخ نمود وبه هنگام مصرف خورشت روی آن ریخت.

قلیا پیتی

برای ۲تا۳نفر

موادلازم:

۲پیاز بزرگ خرد شده
نصف فنجان کره
۲ پوند جگرمرغ
۲ قاشق چایخوری نمک
۱ قاشق چایخوری فلفل
۱ قاشق چایخوری زردچوبه
یک چهارم فنجان آب لیمو
۲ فنجان آب

طرزتهیه:

۱ ــ پیازهارا درکره سرخ کنید.
۲ ــ جگر وادویه هارا به آن اضافه نموده وبه آرامی روی اجاق بهم بزنید تاخوب سرخ شود.
۳ ــ آب وآب لیمورا به آن اضافه کنید وباحرارت متوسط برای ۱۰ تا۱۵ دقیقه طبخ کنید.

Khoresh-e Esfenāj
(spinach "stew")

5 to 6 servings

1 lb. beef or lamb, cut in 1" cubes
1 tsp. cinnamon
1 tsp. salt
2 Tbs. butter, margarine, or cooking oil
3 cups water
1 lb. dried unpitted prunes
1 lb. fresh spinach, coarsely chopped
1 bunch coriander or parsley,
    coarsely chopped

3 Tbs. sugar
2 tsp. turmeric
½ tsp. pepper
1 large onion
2 Tbs. butter or margarine
¼ cup fresh mint, chopped (or 2 Tbs. dried)
½ cup lemon juice

DIRECTIONS FOR COOKING

1. Sprinkle meat with cinnamon and salt and lightly brown in butter or oil over medium heat.

2. Place in a 3-quart pot with water. Bring to a boil; reduce heat to medium and add prunes. Simmer for 20 - 30 minutes or until meat is well cooked and prunes are rather tender.

3. Add spinach, coriander or parsley, sugar, turmeric, and pepper. Simmer an additional 10 minutes.

4. Meanwhile, cut onion in half and thinly slice; sauté in butter or margarine.

5. Remove from heat, add mint and stir together.

6. Remove "stew" from heat and stir in the onion-mint mixture and lemon juice.

Serve over rice.

خورش اسفناج

برای ۲تا ۳ نفر

موادلازم:

۱ پوند گوشت خورشتی گاو یاگوسفند
۱ قاشق چایخوری دارچین
۱قاشق چایخوری نمک
۲قاشق غذاخوری کره یاروغن نباتی
۳فنجان آب
۱پوندآلوخشک*
۱پونداسفناج تازه خرد شده
۱دسته جعفری یا گشنیز خردشده

۳قاشق غذاخوری شکر
۲قاشق چایخوری زردچوبه
نصف قاشق چایخوری فلفل
۱پیاز بزرگ خرد شده
۲قاشق غذاخوری کره
یک چهارم فنجان نعناع تازه خرد شده یا۲قاشق غذاخوری نعناع خشک
نصف فنجان آب لیمو

طرز تهیه:

۱ ــ ادویه هارا روی گوشت بپاشید ودرکره یا روغن نباتی سرخ کنید.
۲ ــ درقابلمه متوسطی آب را جوش بیاورید. آلوی خشک وگوشت را به آن اضافه کنید وبمدت ۲۰تا ۳۰ دقیقه یا تاوقتیکه گوشت پخته وآلونرم شده طبخ کنید.
۳ ــ اسفناج، جعفری یاگشنیز، شکر، زردچوبه وفلفل را به خورش اضافه کنید وده دقیقه دیگر بپزید.
٤ ــ پیاز رادرکره سرخ کنید.
۵ ــ پیاز راسرخ کرده ازروی اجاق بردارید ونعناع رابه آن اضافه نموده وبهم بزنید.
۶ ــ خورش رااز روی اجاق بردارید ومخلوط پیاز ونعناع داغ رابا آب لیمو به آن اضافه کنید وبه آرامی بهم بزنید.

*** اگر گوجه سبز دردسترس دارید نوع دیگری از خورش اسفناج رامیتوانید بابکار بردن آن بجای آلو خشک درست کنید.**

Khoresh-e Rivās
(rhubarb "stew")

4 to 6 servings

1 lb. stew meat, cut in 1" cubes
½ tsp. cinnamon
2 Tbs. butter or margarine
1 tsp. salt
½ tsp. pepper
1 tsp. turmeric
2 cups water

1 large onion
2 Tbs. butter or margarine
1 bunch parsley or coriander,
     coarsely chopped
1 lb. rhubarb, fresh or frozen

DIRECTIONS FOR COOKING

1. Sprinkle meat with cinnamon and brown lightly in butter in a skillet.

2. Put meat and remaining spices with water in a medium-size pot; bring to a boil; reduce heat to medium and simmer 30 - 40 minutes or until meat is tender. (Meat can also be browned and cooked in pressure cooker for faster results, in which case, use a small amount of the water to cook the meat and add the rest after the meat is cooked.)

3. Meanwhile, halve the onion and thinly slice. Sauté in butter or margarine. Remove from heat.

4. Stir in parsley or coriander with onion and set aside.

5. If using fresh rhubarb, wash and cut in 1" pieces. Add along with onion-parsley mixture to meat. Simmer 20 - 25 minutes.

If using frozen rhubarb, add onion-parsley mixture to meat and simmer 15 minutes. Then add frozen rhubarb and simmer 5 - 10 minutes more.

Serve over rice.

خورش ریواس

برای ۲تا۳نفر

موادلازم:

۱ پوند گوشت خورشتی
نصف قاشق چایخوری دارچین
۲قاشق غذاخوری کره
۱قاشق چایخوری نمک
نصف قاشق چایخوری فلفل
۱قاشق چایخوری زردچوبه

۲فنجان آب
۱ پیاز بزرگ خرد کرده
۲قاشق غذاخوری کره
۱دسته جعفری یاگشنیز خردشده
۱پوندریواس تازه یا یخ زده

طرزتهیه:

۱ ــ دارچین راروی گوشت بپاشید ودرماهیتابه ای سرخ کنید.

۲ ــ گوشت راباقیه ادویه ها درقابلمه متوسطی روی حرارت ملایم بمدت ۳۰ تا ٤۰ دقیقه یاتاوقتیکه گوشت کاملا پخته شود طبخ کنید. این مرحله را میتوان با دیگ زودپز انجام داد که درآن صورت فقط یک فنجان آب لازم است.

۳ ــ پیازرادرکمی کره سرخ کنید.

٤ ــ جعفری یا گشنیز را به پیازاضافه کنید، بهم بزنید و این مخلوط را کناربگذارید.

۵ ــ اگرازریواس تازه استفاده می کنید پس از شستن آنرا به قطعات۲۰ سانتیمتری تقسیم کنید وبامخلوط پیازو جعفری یا گشنیز به گوشت اضافه نموده به مدت۲۰ تا۲۵ دقیقه روی حرارت ملایم بپزید.

٦ ــ در صورتیکه ازریواس یخ زده استفاده میکنید، مخلوط پیازو گشنیز رابه گوشت اضافه نموده۱۵ دقیقه طبخ کنید وآنگاه ریواس را اضافه کنید. دراینصورت فقط۵تا۱۰ دقیقه برای طبخ ریواس کافی است.

Khoresh-e Bāmiyeh
(okra "stew")

6 to 8 servings

> 2 large onions, chopped
> ¼ cup butter, margarine, or oil
> 1 lb. stew beef or lamb, cubed
> 2 tsp. salt
> 1 tsp. turmeric
> 1 lb. okra
> 2 medium potatoes, diced
> 4 medium tomatoes, quartered
> 2 cups water
> ¼ cup lemon juice

DIRECTIONS FOR COOKING

1. Sauté onions in butter.

2. Add meat, salt, and turmeric and brown over medium heat for 10 minutes.

3. Cut off both ends of washed and dried okra and slice into 4 - 5 pieces.

4. Place meat and onion mixture, okra, potatoes, tomatoes, and water in a pot. Bring to a boil; reduce heat to medium-low; cover and simmer over medium-low heat 30 - 40 minutes or until meat is tender. (This can be done quickly in a pressure cooker, in which case reduce the amount of water to 1 cup and cook 15 - 20 minutes, or until meat is tender.)

5. Add lemon juice. Simmer 5 more minutes.

Serve over rice.

Qormeh-ye Sib va Ālbālu
(apple and tart cherry "stew")

5 to 6 servings

> 1 lb. lamb or beef, cut in cubes
> 2 tsp. cinnamon
> 2 Tbs. butter
> 1 onion, quartered
> 2 cups water
> 8 tart cooking apples, cored and
>   sliced into ½" pieces
> 1 tsp. salt
> 1 tsp. turmeric
> 1 cup fresh or 1 can pitted tart cherries
> 2 Tbs. sugar

DIRECTIONS FOR COOKING

1. Sprinkle meat with cinnamon; brown in butter.

2. Add onions and water and simmer over medium heat for 40 minutes or until meat is tender. (A pressure cooker can be used to shorten this step, in which case, the cooking time will be reduced to 15 - 20 minutes.)

3. Add apples and spices and simmer for another 20 minutes.

4. Add cherries and sugar and simmer for 5 - 10 minutes more.

Serve over *chelo*.

خورش بامیه

برای ۳ تا ٤ نفر

موادلازم:

۲ پیاز بزرگ خرد شده
یک چهارم فنجان کره
۱ پوند گوشت خورشتی
۲ قاشق چایخوری نمک
یک قاشق چایخوری زردچوبه
۱ پوند بامیه
۲ سیب زمینی متوسط پوست کنده خردشده
٤ گوجه فرنگی قاچ شده
۲ فنجان آب
یک چهارم فنجان آب لیمو

طرز تهیه:

۱ ــ پیاز را سرخ کنید.

۲ ــ گوشت ونمک وزردچوبه به آن اضافه کنید و برای مدت ده دقیقه سرخ کنید.

۳ ــ بامیه هارا درآب سرد بشوئید. سر و ته آنرا قطع کنید، آنرا خشک کنید وهر بامیه را به ٤ تا ۵ قسمت تقسیم کنید.

٤ ــ گوشت، پیاز، بامیه، سیب زمینی، گوجه فرنگی رادر آب بریزید وروی حرارت متوسط بمدت ۳۰ تا ٤۰ دقیقه طبخ کنید.

۵ ــ آب لیمو رابه خورش اضافه نمائید و پنج دقیقه دیگر روی حرارت ملایم بپزید.

قرمه سیب وآلبالو

برای ۲ تا ۳ نفر

موادلازم:

۱ پوند گوشت خورشتی
۲ قاشق چایخوری دارچین
۲ قاشق غذاخوری کره
۱ پیاز قاچ شده
۲ فنجان آب
۸ سیب خورشتی که تخم آن گرفته شده و پره پره شده باشد.
۱ قاشق چایخوری نمک
۱ قاشق چایخوری زردچوبه
۱ فنجان آلبالوی تازه یا یک قوطی کنسرو
۲ قاشق غذاخوری شکر

طرز تهیه:

۱ ــ دارچین را روی گوشت بپاشید وآنرا درکره سرخ کنید.

۲ ــ پیاز و آب رابه گوشت اضافه کنید و برای مدت ٤۰ دقیقه روی حرارت متوسط بپزید. برای کم کردن مدت طبخ میتوان از دیگ زودپز استفاده کرد.

۳ ــ سیب و ادویه هارا به گوشت اضافه کنید و ۲۰ دقیقه دیگر روی حرارت ملایم بپزید.

٤ ــ آلبالو وشکر را به خورش اضافه کنید و با حرارت ملایم ۵ تا ۱۰ دقیقه دیگر طبخ کنید.

Qormeh Sabzi

(green vegetable "stew")

6 to 8 servings

1 large onion, halved and sliced
1/3 cup butter or margarine
1 1/2 lb. stew beef or lamb, cut into 1/2" to 3/4" cubes
2 bunches scallions (or green onions), chopped
1 bunch coriander (or parsley), chopped
1/2 cup fresh fenugreek, chopped (or 3 Tbs. dried)
1 tsp. turmeric
1 1/2 tsp. salt
1/2 tsp. pepper
1 cup cooked kidney beans or October beans
1 1/2 cup water
2 medium potatoes, diced
2 Tbs. dried lemon or 2 whole dried limes
1/4 cup lemon juice or 1 Tbs. citric acid

DIRECTIONS FOR COOKING

1. Sauté onion in butter.

2. Add meat and lightly brown on all sides.

3. Stir in scallions, coriander, and fenugreek and remove from heat.

4. Transfer to a medium-size pot. Add seasonings, beans, and water. Bring to a boil; reduce heat and simmer over medium heat for 40 - 50 minutes.

5. Add potatoes; cook another 10 minutes.

6. Add dried lemon or limes; simmer 15 minutes more.

7. Add lemon juice. Keep on very low heat until ready to serve.

Serve over rice.

قرمه سبزی

برای۳ تا ٤نفر

موادلازم:

۱ پیاز بزرگ خرد کرده
یک سوم فنجان کره
یک ونیم پوند گوشت خورشتی
۲ دسته پیازچه یا تره خرد شده
۱ دسته گشنیز یا جعفری خرد شده
نصف فنجان شنبلیله تازه خرد شده یا سه قاشق غذاخوری شنبلیله خشک
۱ قاشق چایخوری زردچوبه
یک ونیم قاشق چایخوری نمک
یک ونیم قاشق چایخوری فلفل
۱ فنجان لوبیا چیتی
یک ونیم فنجان آب
۲ لیموی عمانی
۲سیب زمینی متوسط خردشده(درصورت دلخواه)*
یک چهارم فنجان آب لیمو یایک قاشق غذاخوری جوهر لیمو

طرز تهیه:

۱ ــ پیاز رادرکره سرخ کنید.
۲ ــ گوشت رابه آن اضافه نمائید وخوب سرخ کنید.
۳ ــ پیازچه، گشنیز یاجعفری و شنبلیله رابه آن اضافه کنید و۱تا۲ دقیقه روی اجاق بهم بزنید وازروی آتش بردارید.
٤ ــ این مخلوط رادرقابلمه متوسطی بریزید و ادویه ها، لیموها، لوبیا وآب رابه آن اضافه کنید وبرای مدت۴۰ تا ۵۰ دقیقه باحرارت ملایم بپزید.
۵ ــ درصورت بکاربردن سیب زمینی آنرا به خورش اضافه نمایید و۱۰ دقیقه دیگرطبخ کنید.
۶ ــ آب لیمویا جوهرلیمورابه آن اضافه نمائید وتاموقع کشیدن روی حرارت خیلی کم گرم نگهدارید.

*** بعضی ها سیب زمینی رابکارنمی برند. معهذا دراصفهان وبعضی شهرهای دیگر سیب زمینی ازموادمهم قرمه سبزی است.**

Khoresh-e Bādemjān
(eggplant "stew")

6 to 8 servings

3 medium eggplants
salt
1 lb. stew beef or lamb, cut in 1" cubes
   (optional)
1 tsp. cinnamon (if using meat)
2 Tbs. butter or margarine
1 large onion, halved and sliced
2½ cups water

1 tsp. salt
½ tsp. pepper
1 tsp. turmeric
¼ cup shortening or vegetable oil
4 large tomatoes, halved
2 Tbs. tomato paste dissolved
   in ¼ cup water

DIRECTIONS FOR COOKING

1. Peel eggplants; cut lengthwise in ½" slices. Sprinkle both sides of each slice lightly with salt (to prevent eggplants from soaking up too much oil while browning). Set aside.

2. If making with meat, sprinkle meat with cinnamon; brown in butter or margarine. Add onion and sauté with meat.

3. If not using meat, sauté onion in butter or margarine.

4. Transfer to a 3-quart pot. Add water and spices; bring to a boil; lower heat to medium-low and simmer until meat is tender, about 30 minutes.

5. Meanwhile, pat eggplants dry with paper towel. Brown on both sides in 1 Tbs. at a time of the shortening or oil (add more shortening or oil as needed, since eggplants vary in amount of oil they absorb).

6. Add eggplants to pot with meat and/or onion and water.

7. Arrange tomatoes skin side up on top of eggplants.

8. Pour over tomato paste; cover and simmer over medium-low heat for 30 minutes. Serve over rice with plain yogurt as a side dish or pour over the top 1 cup liquid whey (*kashk*) *

* *Available through Iranian grocery stores.*

خورش بادمجان

برای ۲ تا ٤ نفر

موادلازم:

۳ بادمجان
کمی نمک
۱ پوند گوشت خورشتی
۱ قاشق چایخوری دارچین
۲ قاشق غذاخوری کره یا روغن نباتی
۱ پیاز بزرگ خرد شده
دو ونیم فنجان آب
۱ قاشق چایخوری نمک
نصف قاشق چایخوری فلفل
یک قاشق چایخوری زردچوبه
یک چهارم فنجان روغن نباتی مایع یاجامد
٤ گوجه فرنگی دو نیم شده
۲ قاشق غذاخوری رب گوجه حل شده در یک چهارم فنجان آب

طرزتهیه:

۱ ــ بادمجان را پوست بکنید وازدرازا دوپاسه قسمت کنید.* روی هردوطرف قطعات بادمجان قدری نمک بپاشید وکناربگذارید.

۲ ــ دارچین راروی گوشت بپاشید ودرکره سرخ کنید. پیاز خرد کرده رابه آن اضافه کنید تامخلوط سرخ شود.

۳ ــ مخلوط گوشت و پیاز را درقابلمه متوسطی بریزید وباآب ودیگر ادویه هابرای مدت ۳۰ دقیقه روی حرارت ملایم بپزید.

٤ ــ نمک بادمجانهارا ازروی آنها پاک کنید وآنهارا خوب خشک کنید وهردوطرف آنهارا سرخ کنید.

۵ ــ بادمجانهای سرخ کرده را به گوشت اضافه نمائید.

٦ ــ گوجه فرنگی را روی بادمجانها بچینید.

۷ ــ محلول رب گوجه فرنگی رابه خورش اضافه کنید وباحرارت متوسط ۳۰ دقیقه دیگر طبخ کنید.

*** اگربادمجان قلمی بکارمی برید ٦ عدد بادمجان را فقط پوست کنده قاچ بزنید. بعبارت دیگر لازم نیست آنهارا ازدرازا قسمت کنید.**

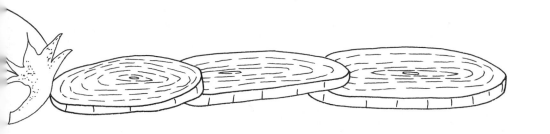

Qormeh-ye Beh
(quince "stew")

6 to 8 servings

2 medium onions, sliced
1/4 cup butter or margarine
1 lb. stew lamb or beef, cut in cubes
1 tsp. cinnamon
1 tsp. salt
1/4 tsp. pepper
3 medium-size quinces
2 1/2 cups water
2 Tbs. rice
3 Tbs. sugar
1/4 cup lemon juice

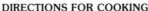

DIRECTIONS FOR COOKING

1. Sauté onions in butter or margarine in a large skillet.

2. Sprinkle meat with cinnamon; add to onions and brown lightly.

3. Stir in salt and pepper.

4. Wash quinces; cut in quarters and remove the seed and core of each. Then, slice them and stir in with meat and onions until they are lightly browned.

5. Transfer meat, onion, and quince mixture to a medium-size pot; add water, rice, and sugar. Bring to a boil; reduce heat and simmer for 1 hour.

6. Stir in lemon juice and simmer an additional 10 minutes.

NOTE: Since quince is not readily available in all parts of the United States, for a similar dish, substitute 6 large baking apples for quinces, in which case, cooking time in Step 5 should be reduced to 35 - 40 minutes.

قرمه به

برای ٤ تا ٥ نفر

موادلازم:

۲عدد پیازمتوسط خردشده
یک چهارم فنجان کره یاروغن نباتی
۱ پوند گوشت خورشتی قطعه قطعه شده
۱ قاشق چایخوری دارچین
۱ قاشق چایخوری نمک
یک چهارم قاشق چایخوری فلفل سیاه

۳ عدد به متوسط
دو ونیم فنجان آب
۲ قاشق غذاخوری برنج گرده(آشی)
۳قاشق غذاخوری شکر
یک چهارم فنجان آب لیمو

طرز تهیه:

۱ ــ پیاز رادرماهیتابه بزرگی سرخ کنید.
۲ ــ دارچین رابه روی گوشت بپاشید وباپیاز خوب سرخ کنید.
۳ ــ نمک وفلفل رابه گوشت و پیاز اضافه نموده مخلوط کنید.
٤ ــ کرک به هارا پاک کنید، خوب بشوئید. بعدازگرفتن به دانه ها ومغز به ها، آنهاراپره پره کنید وباگوشت و پیازکمی سرخ کنید.
٥ ــ مخلوط گوشت، پیاز و به را به قابلمه متوسطی انتقال دهید. شکر، آب وبرنج به آن اضافه نموده بجوش بیاورید وبعد حرارت زیرقابلمه راکم کنیدو برای مدت یک ساعت روی حرارت ملایم طبخ کنید.
٦ ــ آب لیمورا به قرمه اضافه کنید و۱۰ دقیقه دیگرهم با حرارت ملایم بپزید.

یادداشت: به همیشه ودرهمه جای آمریکا در دسترس نیست.لذا میتوانید بجای به از٦عدد سیب پختنی بزرگ استفاده نموده وقرمه سیب که تاحدی شبیه به قرمه به است درست کنید. دراینصورت مدت طبخ درمرحله٥ به ۳۵ تا ۴۰ دقیقه کاهش خواهد یافت.

Khoresh-e Na'nā Ja'fari

(mint and parsley "stew")

6 to 8 servings

1 lb. beef or lamb, cut in 1" cubes
3 Tbs. butter or margarine
1 tsp. salt
1 tsp. cinnamon
1 cup fresh mint, chopped (or 1/4 cup dried)
2 cups fresh parsley, chopped
1 1/2 lb. green plums, damson plums, or sour grapes (if not available, substitute 1/2 cup lemon juice)
4 Tbs. sugar
2 tsp. turmeric
1 1/2 cups water

DIRECTIONS FOR COOKING

1. Lightly brown meat in butter, salt, and cinnamon over medium heat.

2. Add mint and parsley and stir in for 2 minutes; remove skillet from heat.

3. Transfer meat and mint-parsley mixture to a medium-size pot along with all remaining ingredients; bring to a boil, then reduce heat to medium-low and simmer for 40 minutes.

Serve over rice.

NOTE: The end product should be a pleasant blend of sweet and sour; sugar may be adjusted according to taste.

خورش نعناع جعفری

برای ۳ تا ٤ نفر

موادلازم:

۱ پوند گوشت خورشتی
۳ قاشق غذاخوری کره
۱ قاشق چایخوری نمک
۱ قاشق چایخوری دارچین
۱ فنجان نعنای تازه خوردشده یایک چهارم فنجان نعناع خشک
۲ فنجان جعفری خرد شده
۱ ونیم پوند گوجه سبز یا غوره(درصورتیکه این مواد دردست نیست میتوانید از نصف فنجان آب لیمو استفاده کنید.)
٤قاشق غذاخوری شکر
۱ قاشق چایخوری زردچوبه
یک ونیم فنجان آب

طرز تهیه:

۱ ــ گوشت راکمی درکره با نمک ودارچین روی حرارت ملایم سرخ کنید.
۲ ــ نعناع وجعفری را به آن اضافه کنید وبرای دودقیقه روی آتش بهم بزنید، ماهیتابه رااز روی اجاق بردارید.
۳ ــ مخلوط گوشت ونعناع جعفری رادرقابلمه متوسطی بریزید وتمام مواد باقیمانده رابه آن اضافه کرده وبرای مدت ۴۰ دقیقه روی حرارت ملایم طبخ کنید.

Khorāk-e Havij va Lubiyā Sabz
(carrot and green bean "stew")

6 to 8 servings

1 lb. stew beef or lamb, in cubes
½ tsp. cinnamon
¼ cup butter, margarine, or vegetable oil
2 cups water
1 lb. green beans, cut into 1" pieces
1 6-oz. can tomato paste

1 lb. carrots, cut in 1" thick slices
2 large potatoes, cut in large cubes
1 tsp. salt
¼ tsp. pepper
1 tsp. turmeric

DIRECTIONS FOR COOKING

1. Sprinkle meat with cinnamon and brown in butter or vegetable oil in a skillet. Remove meat with slotted spoon and place in a 5-quart pot; set skillet aside. Add water, bring to a boil, reduce heat to medium-low and simmer 30 - 40 minutes or until meat is well cooked. (A pressure cooker can be used here, in which case, the cooking time will be reduced to 10 - 15 minutes.)

2. Lightly brown green beans in butter in same skillet used for meat. Remove with slotted spoon and add to meat. Set skillet aside.

3. Stir tomato paste into meat mixture until completely dissolved.

4. Lightly brown carrots and potatoes in remaining butter and add to meat mixture. Add seasonings. Simmer over medium or medium-low heat for 30 - 40 minutes.

Serve as a main dish with flat bread or over rice.

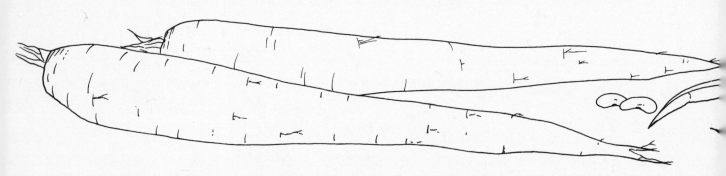

خوراک هویچ ولوبیاسبز

برای ۳تا ٤ نفر

موادلازم:

۱ پوند گوشت خورشتی
نصف قاشق چایخوری دارچین
یک چهارم فنجان کره یا روغن نباتی
۲ فنجان آب
۱ پوند لوبیا سبز قطعه قطعه شده
۱ قوطی شش اونسی رب گوجه فرنگی

۱ پوند هویچ قطعه قطعه شده
۲ سیب زمینی بزرگ قطعه قطعه شده
۱ قاشق چایخوری نمک
یک چهارم قاشق چایخوری فلفل
یک قاشث چایخوری زردچوبه

طرز تهیه:

۱ ــ دارچین راروی گوشت بپاشید ودرکره یا روغن نباتی سرخ کنید. گوشتها راباکفگیربه قابلمه نسبتا بزرگی انتقال دهید وبا آب روی حرارت مت وسط بمدت ۳۰ تا ٤۰ دقیقه طبخ کنید. استفاده ازدیگ زودپز دراین مرحله مدت طبخ را به ۱۰ تا ۱۵ دقیقه کاهش میدهد.

۲ ــ لوبیا سبز راکمی سرخ کنید وبا کفگیراز روغن جدا کرده به گوشت اضافه کنید.

۳ ــ رب گوجه فرنگی رابه خوراک اضافه نموده وبهم بزنید تاحل شود.

٤ ــ هویچ و سیب زمینی رادرباقیمانده روغن کمی سرخ کنید و ادویه هارا روی آن بپاشید. این مخلوط را به خوراک اضافه نمائید واجازه بدهید روی حرارت ملایم برای ۳۰تا ٤۰ دقیقه پخته شود.

Khorāk-e Maghz
(sautéed brains)

5 to 6 servings

2 quarts cold water
3/4 cup lemon juice
2 tsp. salt
1 1/2 lbs. lamb or beef brains
2 large onions, quartered
2 tsp. salt
1 tsp. pepper
1/4 cup vinegar
4 cups water
4 eggs
2 cups flour
1 tsp. salt
1/4 tsp. pepper
1 Tbs. dried mint
1/2 cup butter or margarine
1/4 cup freshly chopped parsley
1 lemon, thinly sliced

DIRECTIONS FOR COOKING

1. Mix together cold water, lemon juice, and salt in a glass bowl. In half the water solution, soak the brains for several hours.

2. Remove brains from water (discard water solution), gently skin them, and soak them again in the remaining water solution for 30 minutes in refrigerator or other cool place.

3. Remove brains from soaking solution and place along with onions, salt, pepper, vinegar, and water in a large pot. Bring to a boil and reduce heat to medium and simmer for 10 - 15 minutes.

4. Remove brains gently and set aside to cool.

5. In a mixing bowl, beat together a batter of eggs, flour, salt, pepper, and mint.

6. Melt butter or margarine in a skillet over low heat.

7. Gently take pieces of brain, dip into the batter and sauté on all sides in melted butter or margarine.

8. Place on a serving dish; garnish with lemon slices and chopped parsley.

خوراک مغز

برای ۲ تا ۳ نفر

موادلازم:

۸ فنجان آب سرد
سه چهارم فنجان آب لیمو
۲ قاشق چایخوری نمک
یک ونیم پوند مغز گوسفند یا گاو
۲ پیاز بزرگ قاچ شده
۲قاشق چایخوری نمک
۱ قاشق چایخوری فلفل
یک چهارم فنجان سرکه
۴ فنجان آب

۴ تخم مرغ
۲فنجان آرد
۱ قاشق چایخوری نمک
یک چهارم قاشق چایخوری فلفل
۱ قاشق غذاخوری نعناع خشک
نصف قاشق غذاخوری نعناع خشک
نصف فنجان کره
یک چهارم فنجان جعفری تازه خرد شده
یک لیموی تازه حلقه حلقه شده

طرز تهیه:

۱ ــ آب، آب لیمو، ونمک را در ظرف شیشه ای بزرگی مخلوط کنید. درنیمی ازاین مخلوط تکه های مغز را برای چندین ساعت بخوابانید.

۲ ــ قطعات مغز را ازآب در بیاورید وبادقت پوست آنرا بگیرید ودوباره برای مدت ۳۰ دقیقه درنیمه دیگر محلول بخوابانید. بهتراست ظرف آنرا درجای جنگ یادریخچال قراردهید.

۳ ــ آب روی مغز را خالی کنید ومغزرابا پیاز، نمک، فلفل، سرکه وآب درقابلمه بزرگی برای ۱۰ تا۱۵ دقیقه روی حرارت ملایم بپزید.

۴ ــ به آرامی مغز را با کفگیر به ظرف دیگری منتقل کنید واجازه بدهید تاخنک شود.

۵ ــ درکاسه ای تخم مرغ هارا بشکنید وخوب بهم بزنید وکم کم آرد به آن اضافه کنید وخوب مخلوط کنید. نمک، فلفل ونعناع را به این مخلوط اضافه کنید وخوب بهم بزنید.

۶ ــ کره رادرماهیتابه ای روی حرارت ملایم آب کنید.

۷ ــ تکه های مغزرا به آرامی درمخلوط تخم مرغ وآرد فروببرید وسپس در کره آب شده خوب سرخ کنید.

۸ ــ مغز سرخ شده رادردیسی قراربدهید وبا حلقه های لیمو وجعفری خرد شده تزئین کنید.

JC

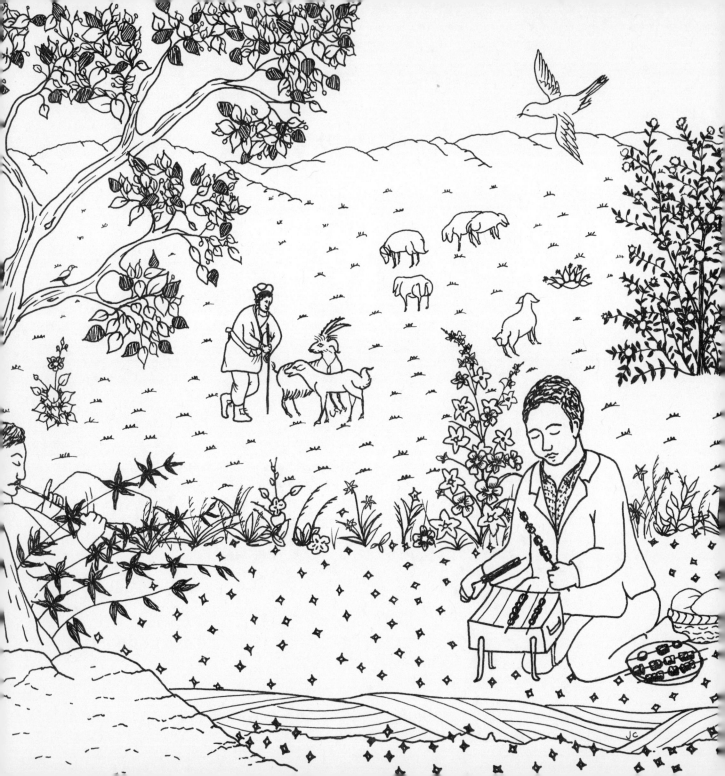

kabābs and kotlets

Kabābs are thought of as meat dishes which are prepared over charcoal; however, a few of the *kabābs* in the recipes that follow are cooked in a pot on top of the stove or fried in a skillet. Some of them, such as *kabāb kubideh* and *kabāb barg,* are sold in specialty shops and served either on flat bread or on rice.

Although some of the *kabābs* in this section might defy the general conception of kabob with which most people are probably familiar, being more like stews or patties, as they are known as *kabāb* in Iran, they have been included here. The best kabobs are made with tender cuts of beef or lamb.

Kotlets are, for the most part, meat patties, which are generally served for light lunches or suppers. They are traditionally served with bread, yogurt, and *sabzi khordan,* fresh vegetables, and herbs. *Kotlets* are also ideal for buffet lunches.

Jujeh Kabāb
(broiled skewered chicken)

4 to 5 servings

1 cup finely grated onion
½ cup fresh lemon juice
2 tsp. salt
2 lbs. chicken, each cut into 8 to 10
    serving pieces

4 Tbs. melted butter
1/8 tsp. ground saffron dissolved in 1 Tbs.
    warm water (optional)

DIRECTIONS FOR COOKING

1. In a stainless steel or glass bowl combine the onion, lemon juice and salt, stirring until they are thoroughly blended.

2. Add the chicken and turn the pieces about with a spoon to coat them well. Marinate at room temperature for at least 2 hours or in the refrigerator for 4 hours, turning the pieces occasionally.

3. Light a layer of coals in a charcoal broiler and let them burn until white.

4. Remove the chicken from the marinade and string the pieces tightly on 4 or 5 long skewers. If you are broiling the chicken in an oven, suspend the skewers side by side across the length of a large roasting pan deep enough to allow 1" of space under the meat.

5. Stir the melted butter and dissolved saffron (optional) into the marinade and brush the chicken evenly on all sides with 2 or 3 tablespoons of mixture.

6. Broil about 3" from the heat for 10 · 15 minutes, turning the skewers occasionally and basting the chicken frequently with the remaining marinade. The chicken is done if the juices that trickle out are yellow rather than pink when a thigh is pierced with the point of a sharp knife.

Serve with *chelo* and garnish with broiled cherry tomatoes or quartered regular tomatoes.

جوجه کباب

برای ۲تا۳نفر

مواد لازم:

۱ فنجان پیاز رنده شده
نصف فنجان آب لیمو
۲قاشق چایخوری نمک

۲پوند مرغ قطعه قطعه شده
٤ قاشق غذاخوری کره آب شده
یک هشتم قاشق چایخوری زعفران محلول در یک قاشق غذاخوری آب گرم

طرزتهیه:

۱ ــ درظرفی شیشه ای یا چینی پیاز، آب لیمو ونمک را کاملا مخلوط کنید.

۲ ــ قطعات مرغ رادر ظرف بیاندازید و زیر ورو کنید تاهمه قطعات درمحلول خیس شوند. این عمل باید چند ساعت قبل ازپختن کباب صورت بگیرد. هراز گاهی قطعات رازیر ورو کنید تا محلول به همه تکه های مرغ خورد برود.

۳ ــ آتش کبابی آماده کنید.

٤ ــ قطعات مرغ رابه سیخ بکشید.

۵ ــ کره آب شده رابا مخلوط زعفران مخلوط کنید. با فرچه نرمی ازاین محلول به تمامی قطعات مرغ بزنید.

٦ ــ سیخ هارا درفاصله ۷تا۸سانتیمتری آتش قراردهید ومرتبا بگردانید. هرازگاهی ازمحلول کره و زعفران به کبابها بزنید. این عمل را آنقدر تکرار کنید تاوقتیکه کبابها خوب پخته شوند. برای آزمایش چنگالی رادرکباب فرو کنید. اگرمایعی که از اطراف نوک چنگال بیرون میزند زرد رنگ است کباب حاضراست ولی اگراین مایع صورتی رنگ است باید کباب رابیشتر بپزید.

Kabāb-e Kubideh
(grilled ground kabob)

4 to 6 servings

1 lb. ground beef or lamb
1 medium onion, grated
¼ cup bread crumbs
1 tsp. turmeric

1 tsp. salt
½ tsp. pepper
1 Tbs. lemon juice
1 egg, slightly beaten (optional)

DIRECTIONS FOR COOKING

1. Mix all ingredients in mixing bowl. (Optional: Cover and let age a few hours at room temperature or overnight in refrigerator.)

2. This kabob is traditionally grilled over hot coals out-of-doors, wrapped around long, wide, thin, flat (approximately 14" x 1¼" x 1/8") pieces of metal. To prepare the dish in this way, divide the meat mixture into 10 - 12 portions. Press each portion around a metal stick and shape evenly. Firmly press both ends of the meat to the metal. Using the index and middle fingers, make 2 - 3 indentations across the meat to ensure that the meat is secured to the metal sticks.

3. Place over hot coals, a few inches away; turn constantly for about 2 minutes to help secure the meat to the metal sticks. Then, let the meat cook on each side for 3 - 4 minutes longer.

4. Remove from the grill and, to serve, gently push the meat off the sticks and onto a platter or individual plates.

Serve with hot rice.

ALTERNATE METHOD:

1. If no skewers are available, place aluminum foil over the grill; perforate.

2. Form the meat into oblong patties, about 8" x 1½" x ½", and place on foil-covered grill.

3. Cook over hot coals for about 5 minutes on each side, or until meat is cooked to taste. Or, broil in the oven about 5 minutes on each side.

NOTE: Traditionally, *kabābs* are served sprinkled with powdered sumac along with a mound of steaming hot rice. Each portion of rice is accompanied by a pat of butter and an egg yolk, which are mixed in with the rice. The rice should be hot enough to cook the egg and melt the butter.

Kabābs are also often served wrapped in a large piece of flat bread in place of rice.

کباب کوبیده

برای ۲تا۳نفر

موادلازم:

۱پوند گوشت چرخ کرده گاو یا گوسفند
۱ پیاز متوسط رنده شده
یک چهارم فنجان خرده نان خشکه نرم شده
۱ قاشق چایخوری زردچوبه

۱ قاشق چایخوری نمک
نصف قاشق چایخوری فلفل
۱ قاشق غذاخوری آب لیمو
۱ تخم مرغ(درصورت تمایل)

طرز تهیه:

۱ ــ تمام موادرا درظرف بزرگی خوب مخلوط کنید. این مخلوط رابرای چند ساعت در حرارت اتاق قراربدهید.

۲ ــ مخلوط رابه ۱۰تا۱۲ قسمت تقسیم کنید وهرقسمت رابه دور سیخ مخصوص کباب کوبیده قراربدهید.دوسرلوله های کباب رانازک کنید تاخوب به سیخ بچسبد.

۳ ــ سیخهارا بفاصله۷تا۸ سانتیمتری آتش کباب قراردهید ومرتبا بگردانید. این عمل بخصوص دریکی دودقیقه اول خیلی مهم است چون ازجدا شدن کباب از سیخ ها جلوگیری میکند.

۴ ــ اگر سیخ کباب در دسترس ندارید میتوانید از کاغذ آلومینیوم استفاده کنید. دراینصورت تکه های گوشت رابشکل لوله های کباب درآورده روی کاغذ آلومینیوم قراردهید وروی توری منقل بگذارید. با چنگالی تعدادی سوراخ در کاغذ آلومینیوم ایجاد کنید تا چربی اضافی اطراف کباب نماند. هرطرف کباب را حدود پنج دقیقه بپزید.

Kabāb-e Soltāni

(broiled skewered "royal" kabob)

3 to 4 servings

1 lb. lean lamb or beef, cut in 1" x 2" strips
meat tenderizer
juice of 1 onion
2 Tbs. yogurt
1 Tbs. lemon juice
1 tsp. turmeric
1/2 tsp. salt
1/4 tsp. pepper
1/2 cup butter
1/4 tsp. saffron, dissolved in 2 Tbs. hot water (optional)

DIRECTIONS FOR COOKING

1. Sprinkle meat with tenderizer; pound the pieces once or twice with a meat hammer.

2. Mix onion juice, yogurt, lemon juice, and seasonings together in a bowl. Add meat and turn so that all pieces are covered with mixture. Let age at room temperature a few hours or leave in refrigerator over night.

3. Light a layer of charcoal in a broiler and let it burn until white or light the oven broiler.

4. Remove meat from marinade; place 2 or 3 pieces securely on each skewer.

5. Mix together dissolved saffron and melted butter. Baste meat on both sides with this mixture.

6. Broil while turning and basting frequently. To serve, sprinkle with powdered sumac (optional); serve with *chelo* and raw egg yolk (optional; see NOTE for *kabāb kubideh*, page 66) and garnish with broiled whole cherry tomatoes.

NOTE: Although some restaurants serve as *kabāb-e soltāni* one stick of either *kabāb-e barg* or *kabāb-e soltāni* along with one stick of *kabāb-e kubideh*, it is not the combination of the two which makes *kabab-e soltani*, but rather the end result of the above method of preparing kabob.

کباب سلطانی

برای ۲ نفر

موادلازم:

۱ پوند گوشت راسته که به قطعات ۲ سانتیمتر در ۵ سانتیمتر بریده شده باشد
پودرمخصوص ترد کردن
آب یک پیاز درشت
۲ قاشق غذاخوری ماست
۱ قاشق غذاخوری آب لیمو
۱ قاشق غذاخوری زردچوبه
نصف قاشق چایخوری نمک
یک چهارم قاشق چایخوری فلفل
یک چهارم قاشق چایخوری زعفران در ۲ قاشق غذاخوری آب داغ
نصف فنجان کره آب شده

طرز تهیه:

۱ ــ پودررا روی قطعات گوشت بپاشید وبا پشت تیغه کارد آشپزخانه آنهارا ساطوری کنید.

۲ ــ آب پیاز، ماست، آب لیمو، وادو یه هارا در ظرف شیشه ای یا چینی بزرگی مخلوط کنید وگوشت رابرای چند ساعت یاازشب قبل درآن بخوابانید.

۳ ــ آتش کباب راآماده کنید.

۴ ــ دو یا سه قطعه ازگوشت را به هرسیخ بکشید و یادرصورت لزوم باز ساطوری کنید تابصورت یک قطعه بزرگ پهن شده درآید.

۵ ــ کره آب شده را بامحلول زعفران مخلوط کنید و بافرچه نرمی به همه کباب بزنید.

۶ ــ سیخهارا روی آتش قرار بدهید ومرتبا بگردانید تا کباب خوب پخته شود. درخلال پختن بازازمحلول زعفران وکره به کباب بزنید.

تبصره:

۱ ــ کباب سلطانی معمولا باچلو و کباب گوجه فرنگی همراه است. بیشتر ایرانیان ترجیح میدهند که زرده تخم مرغ خام به چلوی خیلی داغ اضافه کنند. البت پاشیدن سماق روی چلوکباب از ضروریات است.

۲ ــ دربعضی رستورانها یک سیخ ازاین کباب و یک لوله کباب کوبیده باهم بعنوان کباب سلطانی تلقی میشود.

Kabāb-e Barg
(broiled skewered kabob)

3 to 4 servings

> 1 lb. lamb or beef with some fat,
>   cut in 1½" cubes
> meat tenderizer
> juice of 1 onion
> 1 tsp. turmeric
> ½ tsp. salt
> ¼ tsp. pepper

DIRECTIONS FOR COOKING

1. Lightly sprinkle meat with tenderizer.

2. Mix onion juice and seasonings in a bowl. Add meat and turn so that all pieces are covered in mixture. Age at room temperature for 2 - 3 hours.

3. Light a layer of charcoal and let it burn until white or heat the oven broiler.

4. Remove meat from the marinade. Place 5 - 6 pieces on each skewer.

5. Broil, turning frequently.

6. Sprinkle with powdered sumac and serve folded in flat bread.

Jegarak
(grilled liver)

3 to 4 servings

> 1 lb. calf liver
> salt
> pepper

DIRECTIONS FOR COOKING

1. Cut liver into 1" cubes, arrange 3 - 4 pieces on skewers.

2. Grill over hot charcoal, turning occasionally, for 5 minutes.

3. Sprinkle with salt and pepper. Serve wrapped in flat bread and dipped in yogurt, accompanied by green onions.

NOTE: *Jegarak* is usually sold in specialty shops or by street vendors. In Iran, it is a favorite late afternoon or early evening snack.

کباب برگ(لقمه ای)

برای ۲ نفر

موادلازم:

۱ پوند گوشت راسته تکه تکه شده
پودر ترد کردن گوشت*
آب یک پیاز
یک قاشق چایخوری زردچوبه
نصف قاشق چایخوری نمک
یک چهارم قاشق چایخوری فلفل

طرز تهیه:

۱ ــ پودر راروی گوشت بپاشید.
۲ ــ در ظرفی شیشه ای یا چینی آب پیازرا با ادویه ها مخلوط کنید. گوشت را برای مدت ۲ تا ۳ ساعت درآن بخوابانید.
۳ ــ آتش کباب راآماده کنید.
٤ ــ ۵ تا ٦ تکه گوشت به هر سیخ بکشید.
۵ ــ سیخ هارا روی آتش بگذارید ومرتبا بگردانید. بااستفاده ازنان تافتون یا سنگگ گاهگاهی آب کبابها را بگیرید.**

* پودر ترد کردن کباب رامیتواند ازهمه سوپرمارکتها خریداری کرد. ولی پودر انجیر نارس خشک از پودرهای بازاری سالم تراست وکباب راخیلی ترد میکند.

** برای تهیه گرده نان به قسمت مربوطه دراین کتاب مراجعه کنید. البته میتوان ازنان گندم مکزیکی که به (tortilla) معروف است استفاده کرد.

جگرک

برای ۲ نفر

موادلازم:

۱ پوند جگر سیاه
نمک وفلفل

طرزتهیه:

۱ ــ جگر را بقطعات ۲ سانتیمتری تقسیم کنید وسه یا چهار تکه بهر سیخ بکشید.
۲ ــ روی آتش کبابی که ازقبل آماده شده سیخهای جگر را قرار دهید وبمدت پنج دقیقه بپزید. فراموش نکنید که مرتبا کباب را بگردانید.
۳ ــ نمک وفلفل به کباب بزنید.

Beryān
(meat patty with chicken livers)

5 to 6 servings

1 lb. beef or lamb (choose meat with some
   fat)
2½ cups water
2 tsp. salt
1½ tsp. turmeric

5 to 10 pieces of chicken liver
1½ cups water
½ tsp. salt
cinnamon, pepper
5 to 6 large pieces of flat bread*

DIRECTIONS FOR COOKING

1. Place meat, water, salt, and turmeric in a medium-size pot; boil 10 - 15 minutes or until meat is almost cooked. Remove from heat.

2. Remove meat from the juice and put through a meat grinder twice. Set juice from boiling aside.

3. Boil chicken livers in water and salt for 5 - 10 minutes or until cooked.

4. Remove livers from water and thinly slice. Return to hot water to keep warm.

5. Divide the ground meat into 5 - 6 portions. Sprinkle a very small frying pan (no larger than 6" in diameter) heavily with cinnamon and some pepper. Spread out 1 portion of meat in pan and put on medium heat.

6. On a large platter, place 1 piece at a time of flat bread (or open up large loaf of pita bread); pour some of the juice from cooking the meat over the bread to moisten it.

7. Remove the meat in the frying pan from the heat and turn over on the moistened piece of bread, scraping out any stuck portions of meat from the pan (at this point, more cinnamon can be sprinkled over the meat, if desired). Place 2 or

3 pieces of the chicken liver slices at the side of the "patty" of meat and fold the bread over the "patty" or replace the top of the pita bread. Keep in a warm place while the process is repeated for each patty: fry patty; moisten bread; turn over patty on to bread; place pieces of liver at side of patty; fold bread over or cover with top piece of bread. Make sure to keep the already made patties warm while others are being made. When all patties are ready to be served, moisten the bread again with more of the juice from cooking the meat, if desired.

8. Serve with yogurt, *dugh* (see recipe p. 210), green onions, fresh mint and/or basil and radishes (see *sabzi khordan*, p. 156).

NOTE: This dish is a specialty of the city of Esfahan, where it is made in special shops called *"beryani"* (the name given to the dish itself in Tehran and other places outside Esfahan). It is meant to be eaten with the fingers.

* See *taftun* and *sangak* bread recipe or substitute pita bread or wheat tortillas.

بر یان*

برای ۳تا ٤نفر

موادلازم:

۱ پوند گوشت خورشتی چربی داربی استخوان
دو ونیم فنجان آب
۲قاشق چایخوری نمک
یک ونیم قاشق چایخوری زردچوبه
۵تا ۱۰ عدد جگر مرغ
یک ونیم فنجان آب
نصف قاشق چایخوری نمک
دارچین وفلفل
۵تا٦ عدد نان سنگک یا تافتون (میتوان از استفاده کرد)

طرز تهیه:

۱ ــ گوشت رابا آب ونمک و زردچوبه بمدت۱۵ دقیقه بجوشانید تانیم پز شود

۲ ــ گوشت رااز سوپ جداکنید ودومرتبه چرخ کنید. آب گوشت را گرم نگهدارید.

۳ ــ جگرمرغ را درآب ونمک بمدت۱۵ دقیقه بپزید.

٤ ــ جگرمرغ را ازسوپ جداکنید وبصورت ورقه ورقه بپزید وگرم نگهدارید.

۵ ــ گوشت را پنج تاشش قسمت کنید ودرماهیتابه خیلی کوچکی کمی دارچین وفلفل پاشیده ویک قسمت از گوشت را روی آن پهمن کنید. روی گوشت رانیز کمی دارچین وفلفل بپاشید وروی حرارت متوسط قراردهید.**

٦ ــ دردیس بزرگی یک عدد نان بگذارید وکمی ازآب گوشت را با ملاقه روی نان بپاشید تانان خیس شود.

۷ ــ ماهیتابه رااز روی آتش بردارید وروی نان بگردانید وباقاشقی تکه های گوشت را که ممکن است هنوز درماهیتابه باشد روی آن بریزید.۲ یا۳ تکه ورقه های جگرمرغ راکنارآن بچینید وبابقیه نان روی آنرا بپوشانید. تابقیه بریان را بپزید این دست بریان را میتوانید درفر باحرارت ۱۵۰تا ۲۰۰ درجه نگهدارید.

* این غذا مخصوص شهر اصفهان است ومعمولا در رستورانهای معروف به بریانی بفروش میرسد. دردیگر قسمتها به غلط لفظ بریانی رابرای اسم غذا استفاده میکنند.

** ماهیتابه مخصوص بریان معمولا ازمس درست شده وبشکل بیضی بقطرهای۱۲ و۵ سانتیمتراست.

Tās Kabāb
(lamb or beef stew)

6 to 8 servings

 1 large onion, sliced
 3 Tbs. butter or margarine
 1 lb. stew beef or lamb, cubed
 2 cups water
 1½ tsp. salt
 ½ tsp. pepper
 1 tsp. turmeric
 3 large potatoes, peeled and sliced
 3 large tomatoes, quartered
 2 Tbs. tomato paste
 3 Tbs. lemon juice or 2 dried limes

DIRECTIONS FOR COOKING

1. Sauté onion lightly in butter.

2. Add meat and brown on all sides.

3. Add water and seasonings and simmer over medium heat for 30 minutes or until meat is tender. Remove meat from soup and set both aside.

4. Arrange half the potatoes in the bottom of a baking dish or medium-size pot; top with the meat and onion mixture; top that with the tomatoes; finally, top with the remaining potatoes.

5. Mix tomato paste and juice or limes in soup and pour over the ingredients in the baking dish or pot.

6. Bake in preheated moderate (350°) oven or cook over medium heat on top of the stove for 30 minutes.

Serve with bread.

Kabāb Moshti
(carrot-meatball "stew")

5 to 6 servings

 6 carrots, finely grated
 1 lb. finely ground meat
 1 egg (omit if using roasted chick-pea flour*)
 ½ cup all-purpose flour or roasted chick-pea flour*
 1 tsp. turmeric
 1 tsp. salt
 ¼ cup butter or margarine
 2 cups water
 ½ cup granulated or brown sugar
 1 tsp. turmeric
 1 tsp. salt

DIRECTIONS FOR COOKING

1. In mixing bowl, combine carrots, meat, egg, flour, turmeric, and salt. Shape into oblong, oval-shaped meatballs the size of an egg.

2. Melt butter or margarine in a frying pan and brown meatballs on two sides.

3. Put water in a large pot along with sugar, turmeric and salt; bring to a boil.

4. Add meatballs; reduce heat and simmer over low heat for 15 minutes.

Serve over rice or as a meal in itself with bread.

* See recipe p. 214.

تاس کباب

برای ۳تا ٤ نفر

موادلازم:

۱ پیاز بزرگ خرد شده
۳ قاشق غذاخوری کره
۱ پوند گوشت خورشتی
۲فنجان آب
یک ونیم قاشق چایخوری نمک
نصف قاشق چایخوری فلفل
یک قاشق چایخوری زردچوبه
۳ سیب زمینی بزرگ پوست کنده و ورقه ورقه شده
۳ گوجه فرنگی بزرگ قاچ شده
۲ قاشق غذاخوری رب گوجه
۳ قاشق غذاخوری آب لیمو یا۲ عدد لیموعمانی

طرزتهیه:

۱ ــ پیاز رادرکره سرخ کنید.
۲ ــ گوشت رابه آن اضافه کنید وخوب سرخ کنید.
۳ ــ آب وادویه هارا به آن اضافه کنید وبرای مدت ۳۰ دقیقه یاتا هنگامی که گوشت نسبتا پخته شده باشد روی حرارت متوسط بپزید. گوشت رااز سوپ جدا کنید.
٤ ــ نیمی ازسیب زمینی را کف ظرف عمیق نسوزیادرقابلمه ای بریزید وروی آنرا لایه هائی ازمخلوط گوشت وپیازوگوجه فرنگی وبقیه سیب زمینی قراردهید.
۵ ــ رب گوجه فرنگی رابا آب لیموو سوپ و گوشت مخلوط کنید وبعد آنهارا به تاس کباب اضافه کنید.
٦ ــ فررا تا ۳۵۰ درجه فارنهایت قبلا گرم کنید. تاس کباب رادرفرقراربدهید وبمدت ۳۰ دقیقه طبخ کنید. درصورت تمایل میتوانید تاس کباب را بمدت ۳۰ تا ٤۰ دقیقه روی حرارت ملایم اجاق بپزید.

کباب مُشتی

برای ۲ تا ۳نفر

مواد لازم:

٦هویج کاملا نرم ورنده شده یاکوبیده شده
۱ پوند گوشت چرخ کرده
۱ تخم مرغ(اگرازآرد نخودچی استفاده کنید میتوانید تخم مرغ راحذف کنید.)
نصف فنجان آرد نخودچی* یا آردگندم
یک قاشق چایخوری زردچوبه
یک قاشق چایخوری نمک
یک چهارم فنجان کره
۲ فنجان آب
نصف فنجان شکر یاشیره خرما
۱ قاشق چایخوری زردچوبه
۱ قاشق چایخوری نمک

طرز تهیه:

۱ ــ هویج، گوشت، آرد(نخودچی)، تخم مرغ، زردچوبه ونمک را درظرفی خوب مخلوط کنید. ازاین مخلوط مشتی هائی باندازه یک تخم مرغ درست کنید.
۲ ــ کره رادرماهیتابه های آب بینی وهردوطرف مشتی هارا خوب سرخ کنید.
۳ ــ درقابلمه نسبتا بزرگی مخلوطی ازآب، شکر، زردچوبه ونمک را برای مدت دودقیقه بجوشانید تاشکر حل شود.(اگرازشیر استفاده میکنید بمحض اینکه محلول له جوش آمد میتوانید مرحله بعدی را شروع کنید.)
٤ ــ مشتی هارا درقابلمه بریزید حرارت زیرآنراکم کنید و ۱۵ دقیقه به آرامی طبخ کنید.

*** برای تهیه آرد نخودچی بدستورمربوطه دراین کتاب مراجعه کنید. آرد گندم رافقط درصورتی بکاربرید که آردنخودچی دردست رس نداشته باشید.**

Kabāb Hoseyni
(skillet kabob)

4 to 6 servings

½ cup lemon juice
1 tsp. salt
½ tsp. pepper
¼ tsp. saffron
½ tsp. cinnamon
1½ lb. tender fillet of beef or lamb,
  cut in 1" x ½" chunks
2 medium onions, quartered and separated
2 to 3 Tbs. butter, margarine, or cooking oil
2 cups water

DIRECTIONS FOR COOKING

1. Mix lemon juice and seasonings in a bowl.

2. Add meat and onions to lemon juice mixture, making sure all pieces are covered with juice; marinade several hours at room temperature or overnight in the refrigerator; stir occasionally to make sure all pieces soak in the marinade.

3. Remove meat and onions from marinade and set marinade aside.

4. Alternate layers of meat and onion on 8" wooden skewers.

5. In a skillet, melt butter 1 tablespoon at a time and brown meat and onions (on skewers) over medium heat. Repeat this process until all the meat on skewers has been browned.

6. Return all browned, skewered meat to skillet.

7. Add water to remaining marinade and pour over the skewered meat in the skillet. Cover and simmer over medium heat for 30 minutes. Serve over rice.

Kabāb Shāmi
(chick-pea and meat patties)

5 to 6 servings

1 lb. finely ground beef
1 cup roasted chick-pea flour
  (see recipe p. 214)
1 large onion, minced
⅔ cup warm water
2 tsp. salt
½ tsp. pepper
½ tsp. turmeric
½ cup shortening or cooking oil

DIRECTIONS FOR COOKING

1. Mix together all ingredients except for the shortening or oil.

2. Melt 1 tablespoon at a time of the shortening or pour 1 tablespoon at a time of the oil in a skillet.

3. Shape meat mixture into round, thin patties; fry over medium heat until one side is golden brown; turn over, adding more oil if necessary, and brown the other side. Repeat until all the meat mixture is used up.

4. Serve with bread, *sabzi khordan* (see recipe p. 156) greens and yogurt.

کباب حسینی

برای ۲ تا ۳ نفر

موادلازم:

نصف فنجان آب لیمو
۱ قاشق چایخوری نمک
نصف قاشق چایخوری فلفل
یک چهارم قاشق چایخوری زعفران
نصف قاشق چایخوری دارچین
یک ونیم پوند گوشت بی استخوان کم چربی که بصورت قطعات کوچک بریده شده باشد.
۲ پیاز متوسط قاچ کرده ورقه ورقه شده
۲ تا ۳ قاشق غذاخوری کره
۲ فنجان آب

طرز تهیه:

۱ ــ آب لیمو وادویه هارا باهم درظرفی مخلوط کنید.
۲ ــ گوشت و پیاز رابرای چند ساعت یااز شب قبل دراین محلول بخوابانید.
۳ ــ پنج تاسس قطعه گوشت را متناوبا باتکه هائی ازپیاز به سیخ چوبی مخصوص کباب حسینی بکشید.
٤ ــ درماهیتابه ای کره را آب کنید وسیخهای کباب را توی ماهیتابه بزرگی درکره سرخ کنید. اگرتمام سیخ هادرماهیتابه جا نمیگیرد این عمل رادرچند مرحله انجام دهید.
۵ ــ بعدازسرخ کرده تمام گوشت و پیازتمام سیخها رادرماهیتابه عمیق یا قابلمه ای قرار دهید.
٦ ــ آب ومخلوط آب لیموادویه هارا به آن اضافه کنید، روی آنرا بپوشانید وروی حرارت ملایم برای مدت ۳۰ دقیقه یا تاوقتی که گوشت پخته شود بپزید.

کباب شامی

برای ۲ تا ۳ نفر

موادلازم:

۱ پوند گوشت دو بارچرخ شده
۱ فنجان آرد نخودچپ(به صفحه نگاه کنید)
۱ پیاز بزرگ خوب رنده شده
دو سوم فنجان آب گرم
۲ قاشق چایخوری نمک
نصف قاشق چایخوری فلفل
نصف قاشق چایخوری زردچوبه
نصف فنجان روغن نباتی جامد یا مایع

طرز تهیه:

۱ ــ تمام مواد رابجز روغن درظرفی خوب مخلوط کنید.
۲ ــ مقداری از روغن رادرماهیتابه داغ کنید.
۳ ــ با قاشق نسبتا بزرگی مقداری ازمخلوط گوشت را درماهیتابه بریزید وبا پشت قاشق آنرا بضخامت نیم سانتیمترپهن کنید. پس ازاینکه یکطرف هرشامی سرخ شد باکفگیر آنرا برگردانید تاطرف دیگرنیز سرخ شود. این عمل راادامه دهید تامخلوط تمام شود.

Kotlet
(meat patties)

4 to 6 servings

1 lb. ground beef
1 large onion, finely chopped
½ cup dried bread crumbs
1 egg
1½ tsp. salt
¼ tsp. pepper
¼ tsp. turmeric
1/8 tsp. saffron, dissolved in 2 Tbs. hot water (optional)
¾ cup flour
¾ cup butter or cooking oil

DIRECTIONS FOR COOKING

1. Mix beef, onions, bread crumbs, egg, and seasonings.

2. Shape into oblong patties, 2" x 3½".

3. Dip into flour and brown on both sides in butter or oil over medium-low heat.

4. Serve with flat bread, fresh greens (such as mint, basil, tarragon, or green onions; see *sabzi khordan* recipe p. 156) and yogurt.

NOTE: To eat, bite-size pieces of *kotlet* are usually wrapped along with fresh greens in a small piece of flat bread and dipped in yogurt.

Kotlet-e Gusht-o Sibzamini
(meat and potato patties)

4 to 6 servings

¾ lb. ground beef
1 medium onion, grated
2 medium potatoes, grated
1 egg
1½ tsp. salt
½ tsp. pepper
½ tsp. turmeric
½ tsp. cinnamon
3/8 cup butter or cooking oil

DIRECTIONS FOR COOKING

1. Mix together beef, onion, potatoes, egg, and seasonings.

2. Shape into oblong, 2" x 3½" patties and brown on both sides over medium or medium-low heat.

Serve with yogurt and fresh greens.

NOTE: To eat, bite-size pieces of *kotlet* are usually wrapped along with fresh greens (such as mint, basil, tarragon, or green onions; see *sabzi khordan*, p. 156) in a small piece of flat bread and dipped in yogurt.

کتلت

برای ۲ تا ۳ نفر

موادلازم:

۱ پوند گوشت چرخ کرده
۱ پیاز بزرگ رنده شده
نصف فنجان نان خرد نرم شده
۱ عددتخم مرغ
یک ونیم قاشق چایخوری نمک
یک چهارم قاشق چایخوری فلفل
یک چهارم قاشق چایخوری زردچوبه
یک هشتم قاشق چایخوری زعفران محلول در۲ قاشق غذاخوری آب داغ
سه چهارم فنجان آرد
سه چهارم فنجان کره یا روغن نباتی

طرز تهیه:

۱ ــ تمام موادرا بغیر ازآرد و کره در ظرفی خوب مخلوط کنید.
۲ ــ کتلت هائی به اندازه کف دست بشکل بیضی درست کنید.
۳ ــ دوطرف هر کتلت رادرآرد بزنید و درروغن روی حرارت متوسط سرخ کنید.

کتلت گوشت و سیب زمینی

برای ۲ تا ۳ نفر

موادلازم:

سه چهارم پوند گوشت چرخ کرده
۱ پیازمتوسط رنده شده
۲ سیب زمینی متوسط ریز رنده شده
۱ تخم مرغ
یک ونیم قاشق چایخوری نمک
نصف قاشق چایخوری فلفل
نصف قاشق چایخوری دارچین
سه هشتم فنجان کره یا روغن نباتی

طرز تهیه:

۱ ــ تمام مواد را بجز کره در ظرفی خوب مخلوط کنید.
۲ ــ کتلت هائی باندازه کف دست وبشکل بیضی درست کنید ودوطرف آنرا در کره یا روغن خوب سرخ کنید.

āshes, halims, soups and ābgushts

Most of the dishes in this section may be served as complete meals. This is especialy true of the *ashes,* thick pottage-like dishes, which are most often winter foods. The word "soup" as a translation for *abgusht* may be misleading, since most of them can be and usually are served as complete meals rather than as appetizers.

Āsh-e Torsh

(sweet-sour dried fruit pottage)

5 to 6 servings

½ lb. lean ground beef
1 small grated onion
¼ tsp. cinnamon
¼ tsp. pepper
½ tsp. salt
8 cups water
1 Tbs. salt
½ cup rice
1 small chopped onion
2 Tbs. butter
1 cup dried prunes
1 cup dried apricots
¼ cup chopped walnuts
1 cup chopped parsley
¼ cup chick-peas
½ cup vinegar
⅓ cup sugar

Garnish:
1 Tbs. dried mint
¼ tsp. cinnamon
¼ tsp. pepper

DIRECTIONS FOR COOKING

1. Put the meat in a bowl. Add grated onion and seasoning and mix well. Make small meatballs the size of walnuts. Set aside.

2. Put water in a 3-quart pot. Add salt and rice and cook for 15 minutes.

3. Meanwhile, sauté chopped onions in butter and set them aside.

4. Add prunes to the water and rice and let cook for another 15 minutes.

5. Add meatballs, apricots, walnuts, parsley and sautéed onions and let cook about 20 minutes over medium heat.

6. Add vinegar and sugar and let cook 15 minutes more.

7. Garnish: Rub dried mint in the palm of your hand to make it powdery. Add cinnamon and pepper to the mint. Add this to the pottage just before removing it from the fire. If more seasoning is necessary add to taste.

آش ترش

برای۲تا۳نفر

موادلازم:

نیم پوند گوشت چرخ کرده
۱ پیاز کوچک رنده شده
یک چهارم قاشق چایخوری دارچین
یک چهارم قاشق چایخوری فلفل
نصف قاشق چایخوری نمک
۸فنجان آب
۱ قاشق غذاخوری نمک
نصف فنجان برنج آشی(گرده)
۱پیاز کوچک خرد شده
۲قاشق غذاخوری کره
۱ فنجان آلوی خشک
۱ فنجان زردآلوی خشک
یک چهارم فنجان مغز گردوی خرد شده
یک فنجان جعفری خرد شده
یک چهارم فنجان نخود
نصف فنجان سرکه
یک سوم فنجان شکر

برای تزئین:
۱ قاشق غذاخوری نعناع خشک
یک چهارم قاشق چایخوری دارچین
یک چهارم قاشق چایخوری فلفل

طرز تهیه:

۱ ــ گوشت را در ظرفی با پیاز وادویه خوب مخلوط کنید وبصورت گلوله هائی باندازه گردو دربیاورید.

۲ ــ آب رادرقابلمه متوسطی بانمک وبرنج جوش بیاورید و اجازه بدهید روی حرارت ملایم بمدت۱۵ دقیقه پخته شود.

۳ ــ پیازخرد کرده رادرکره سرخ کنید.

٤ ــ آلوی خشک رابه آش اضافه کنید واجازه بدهید۱۵ دقیقه دیگر بپزد.

۵ ــ گوشت، زرد آلوی خشک، مغز گردو، جعفری وپیاز سرخ کرده را به آش اضافه کنید و۲۰ دقیقه دیگر بپزید.

۶ ــ سرکه وشکر را به آش اضافه کنید وبازه۱۵ دقیقه بپزید.

۷ ــ تزئین: نعنای خشک را بین دودست نرم کنید. بادارچین و فلفل مخلوط کنید. پس ازاینکه آش را درکاسه بزرگی ریخته اید روی آنرا با این مخلوط تزئین کنید.

Āsh-e Māst
(yogurt pottage)

6 to 8 servings

- 1/2 cup dried chick-peas or
    garbanzo beans (or 1 can)
- 5 cups water
- 1/2 cup rice
- 1/4 cup lentils
- 2 tsp. salt
- 1/2 tsp. pepper
- 1/2 lb. ground beef
- 1 medium onion, minced
- 1 bunch parsley, chopped
- 1 Tbs. dill weed
- 3 cups yogurt
- 1 medium onion, thinly sliced
- 2 Tbs. butter or margarine

DIRECTIONS FOR COOKING

1. Put chick-peas in a pot; cover with water and boil for 20 minutes or until almost tender.

2. Add rice and lentils and seasonings and cook 15 minutes more.

3. Mix together meat and minced onion; make into walnut-size meatballs and drop in boiling soup mixture. Stir occasionally to avoid sticking.

4. Add parsley and dill and cook an additional 5 minutes.

5. Mix in yogurt.

6. Put *ash* in a serving bowl.

7. For topping, brown thinly sliced onion in butter. Decorate top of pottage with fried onions.

Sholeh Māsh
(mung bean pottage)

6 to 8 servings

- 1 large onion, sliced
- 2 Tbs. butter or margarine
- 1/2 lb. ground beef
- 2 tsp. salt
- 1/2 tsp. pepper
- 1/2 tsp. turmeric
- 4 cups water
- 3/4 cup mung beans
- 1/2 cup rice
- 1/2 cup pinto beans

DIRECTIONS FOR COOKING

1. Brown onions in butter.

2. Add meat and seasonings and cook over medium heat for about 5 minutes, or until meat is cooked.

3. Add remaining ingredients and cook over medium heat for 30 - 40 minutes more, or until beans are quite soft.

Can be served either hot or cold, with bread.

NOTE: This is generally a winter dish.

آش ماست

برای۳تا ٤نفر

مواد لازم:

نصف فنجان نخود
۵ فنجان آب
نصف فنجان برنج آشی(گرده)
یک چهارم فنجان عدس
۲قاشق چایخوری نمک
نصف قاشق چایخوری فلفل
نیم پوند گوشت چرخ کرده
۱پیازمتوسط رنده شده
۱ دسته جعفری خردشده
۱ قاشق غذاخوری شوید خشک
۳فنجان ماست
۱ پیاز متوسط خرد شده
۲ قاشق غذاخوری کره

طرزتهیه:

۱ ــ نخودرابرای مدت ۲۰دقیقه در آب بپزید تا پخته شده ولی له نشده باشد.
۲ ــ برنج، عدس و ادویه هارا به آن اضافه کنید و۱۵ دقیقه دیگر روی حرارت ملایم طبخ کنید.
۳ ــ گوشت و پیازرا درظرفی خوب مخلوط کنید وبصورت گلوله هائی باندازه گردو درآورید. آنهارا به آش اضافه کنید. گاهگاه آش رابهم بزنید که از ته گرفتن جلوگیری شود.
٤ ــ جعفری وشوید را به آن اضافه کنید و۵ دقیقه دیگربپزید.
۵ ــ ماست رابه آش اضافه کنید ومخلوط کنید
۶ ــ آش رادرظرف بزرگی بکشید وروی آنرابا پیاز سرخ کرده تزئین کنید.

شله ماش

برای۳تا ٤نفر

موادلازم:

۱ پیازبزرگ خرد کرده
۲ قاشق غذاخوری کره
نیم پوند گوشت چرخ کرده
۲ قاشق چایخوری نمک
نصف قاشق چایخوری فلفل
نصف قاشق چایخوری زردچوبه
٤ فنجان آب
سه چهارم فنجان ماش
نصف فنجان برنج آشی (گرده)
نصف فنجان لوبیا سفید

طرزتهیه:

۱ ــ پیازرادرکره سرخ کنید.
۲ ــ گوشت و ادویه هارا به آن اضافه کنید و۵ دقیقه روی حرارت متوسط سرخ کنید.
۳ ــ مخلوط سرخ شده رادرقابلمه ای بریزید ودیگرمواد رابه آن اضافه کنید. شله ماش را بمدت ۳۰تا ٤۰ دقیقه یاتا وقتی که لوبیا وماش کاملا پخته شود روی حرارت متوسط بپزید.

Āsh-e Reshteh
(legume and noodle pottage)

10 to 12 servings

½ cup dried chick-peas (or 1 can)
½ cup dried kidney beans (or 1 can)
½ cup dried navy beans (or 1 can)
½ cup lentils
1 bunch fresh parsley, chopped
2 bunches leeks or scallions, chopped
2 tsp. turmeric
1½ Tbs. salt
½ tsp. pepper
6 cups water
½ lb. fresh spinach, chopped

½ lb. spaghetti noodles
*   (or Persian noodles, resheth*)*
2 Tbs. flour
¼ cup water
Toppings:
2 to 3 Tbs. butter
2 large onions, sliced
1 Tbs. butter
1 Tbs. dried mint
1 cup or more yogurt or liquid whey

DIRECTIONS FOR COOKING

1. If using dried legumes, cook separately until tender and set aside.

2. Combine parsley, scallions, seasonings, and water in large pot. Boil 20 minutes, or until vegetables are tender.

3. Add spinach and cook 10 minutes more.

4. Break spaghetti into lengths of about 4"; add to water mixture and boil until spaghetti is cooked.

5. Mix flour and water well to make paste, add slowly to pottage mixture. Reduce heat.

6. Add cooked legumes; let simmer 10-15 minutes.

TOPPINGS:

1. Fry onions in butter until golden brown.

2. Melt butter and stir in powdered dry mint; sauté.

3. Place *ash* in large serving bowl and decorate top with fried onions and mint mixture. A few tablespoons of beaten yogurt or liquid whey also can be used for decoration.

Serve *ash* with yogurt or whey at the side to be mixed with the pottage to each individual's taste.

This dish is also sometimes served with *qeymeh* (p. 42) at the side.

* *Reshteh* can be obtained through specialty shops listed in the back of this book.

آش رشته

برای ۵ تا ۶ نفر

موادلازم:

نصف فنجان نخود
نصف فنجان لوبیا چیتی
نصف فنجان لوبیا سفید
نصف فنجان عدس
یک دسته جعفری تازه خرد شده
۲ دسته تره یا پیازچه خردشده
۲ قاشق چایخوری زردچوبه
یک ونیم قاشق غذاخوری نمک
نصف قاشق چایخوری فلفل
۶ فنجان آب
نصف فنجان اسفناج تازه خرد شده
نصف فنجان رشته آش یارشته فرنگی
۲ قاشق غذاخوری آرد
یک چهارم فنجان آب

برای تزئین:

۲ تا ۳ قاشق غذاخوری کره
۲ پیاز خردشده
۱ قاشق غذاخوری کره
۲ قاشق غذاخورژی نعناع خشک
۱ تا ۲ فنجان کشک، ماست یا سرکه

طرزتهیه:

۱ ــ نخود، لوبیا چیتی، لوبیا سفید وعدس را درقابلمه های جداگانه ای بپزید تاپخته شده ولی له نشود.

۲ ــ جعفری، تره یاپیازچه، ادویه وآب را در ظرفی بجوش بیاورید وبرای مدت ۲۰ دقیقه یاتاوقتی که سبزیها پخته شده باشد بپزید.

۳ ــ اسفناج رابه آش اضافه کنید وده دقیقه دیگر بپزید.

۴ ــ رشته آش یارشته فرنگی رابه قطعات ۵ تا ۶ سلنتیمتر بشکنید وبه آش اضافه نمائید. آش را مرتب برهم بزنید تااز ته گرفتگی و چسبیدن رشته ها بهم جلوگیری شود.

۵ ــ آرد راباآب مخلوط کنید وکم کم به آش اضافه کنید وبهم بزنید. حرارت زیردیگ را کم کنید.

۶ ــ نخود، لوبیا ها وعدس پخته شده را به آش اضافه کنید و اجازه بدهید ۱۵ دقیقه دیگر به آرامی بپزد.

تزئین:

۱ ــ پیاز رادرکره سرخ کنید.

۲ ــ با کرهٔ آب کرده نعناع داغ درست کنید.

۳ ــ پس از ریختن آش رشته در ظرف بزرگی روی آنرا با پیازداغ ونعناع داغ وچند قاشق کشک یاماست تزئین کنید.

یادداشت: در بعضی قسمتهای ایران کشک راباآش رشته قبل ازکشیدن مخلوط میکنند. بعضی ایرانیان نیز ترجیح میدهند بجای کشک یاماست ازسرکه استفاده کنند. بعضی دیگر ازایرانیان قیمه تهیه میکنند ودرموقع خوردن آش رشته قیمه به آن اضافه میکنند.

Āsh-e Lapeh

(yellow split pea and rice pottage)

8 to 10 servings

2 cups rice
8 cups water
1 Tbs. salt
2 tsp. turmeric
1 tsp. pepper
1 cup dried yellow split peas
1 bunch coriander or parsley, chopped
½ lb. ground beef
¼ cup lemon juice
1 medium onion
2 Tbs. butter or margarine
2 Tbs. dried or 4 Tbs. fresh mint

DIRECTIONS FOR COOKING

1. Bring rice, water, herbs, peas, and coriander to a boil in a large pot; boil about 20 minutes or until rice and peas are very soft.

2. Make meatballs about ¾" in diameter with ground beef; drop in boiling rice mixture. Reduce heat and simmer 10 minutes more.

3. Stir in lemon juice. Place pottage in serving bowl.

4. Cut onion in half and thinly slice; brown lightly in butter.

5. Remove from heat and stir in mint.

6. Decorate top of pottage with onion-mint mixture.

NOTE: This dish might be considered the equivalent of the Western chicken soup, recommended for those who are sick, especially with colds.

Adasi

(lentil porridge)

6 to 8 servings

1 lb. lentils
6 cups water
1 tsp. salt
1 tsp. dried oregano or marjoram *
½ cup butter or margarine
sugar (optional)

DIRECTIONS FOR COOKING

1. Boil lentils in water about 30 minutes or until very soft. Mash well. Mix in salt and oregano. Place in serving bowl.

2. Melt butter or margarine and pour over top, or put a pat of butter in individual serving bowls and add lentil mixture on top.

3. Sprinkle with sugar and additional oregano or marjoram, if desired.

NOTE: A traditional winter breakfast dish, *adasi* is scooped up with flat, pita-type bread. Also served side-by-side with *halim* (see recipe p. 98).

* Originally, *Avishan-e Shirazi*, which is translated in some dictionaries as "garden thyme"; however, I have found that oregano, most often, and marjoram, at times, are much closer to the herb generally used in this recipe.

آش لپه

برای ٤ تا ٥ نفر

موادلازم:

٢ فنجان برنج آشی (گرده)
٨ فنجان آب
١ قاشق غذاخوری نمک
١ قاشق چایخوری زردچوبه
١ قاشق چایخوری فلفل
١ فنجان لپه
١ دسته گشنیز یاجعفری خردکرده
نیم پوند گوشت چرخ کرده
یک چهارم فنجان آب لیمو
١ پیازمتوسط خردشده
٢ قاشق غذاخوری کره
٢ قاشق غذاخوری نعناع خشک یا ٤ قاشق غذاخوری نعناع تازه خردکرده

طرزتهیه:

١ ــ برنج راباآب، ادویه، لپه وگشنیز یاجعفری درقابلمه نسبتا بزرگی برای مدت ٢٠ دقیقه بجوشانید.
٢ ــ ازگوشت گلوله های کوچکتراز گردو درست کرده وبه آش اضافه کنید.
٣ ــ آب لیمورابه آب اضافه کرده وبهم بزنید ودرظرفی بریزید.
٤ ــ روی آش را با پیازداغ ونعناع داغ تزئین کنید.

عدسی

برای ٢ تا ٣ نفر

موادلازم:

١ پوند عدس
٦ فنجان آب
١ قاشق چایخوری نمک
١ قاشق چایخوری آویشن شیرازی
نصف فنجان کره
شکر (درصورت تمایل)

طرزتهیه:

١ ــ عدس رادرآب ونمک بمدت ٣٠ دقیقه بپزید تاکاملا له شود. آنرابا گوشت کوب له کنید وآویشن را به آن اضافه نمائید.
٢ ــ کره رادرظرف بزرگی قرار دهید وعدسی رابه آن اضافه کنید.
٣ ــ درصورت تمایل شکر وآویشن بیشتری روی آن بپاشید.

Āsh-e Jow
(barley pottage)

8 to 10 servings

1/2 cup dried chick-peas (or 1 can)
1/2 cup red kidney beans (or 1 can)
1 1/2 lb. lamb or beef, cut in small chunks
6 cups of water
3 tsp. salt
1/2 tsp. black pepper
1 tsp. turmeric
1 cup barley
1/2 cup lentils
1 bunch parsley or coriander, chopped
3/4 cup green onions, leeks or chives, chopped
2 Tbs. butter or shortening
2 medium onions, thinly sliced
2 Tbs. chopped fresh or 1 Tbs. dried mint
1 cup yogurt (optional)

DIRECTIONS FOR COOKING

1. Place chick-peas, kidney beans (if using canned chick-peas and beans, add during last 10 to 15 minutes of cooking time), meat, water, and seasonings in a large pot; bring to a boil, reduce heat and simmer until meat is tender (about 1 hour). This can also be done successfully in a pressure cooker with only 1 cup of the water, the remainder of the water to be added later.

2. Add barley, lentils, parsley, and onions and let simmer for 40 to 50 minutes longer. Stir occasionally to prevent sticking. Add additional water if necessary.

3. Meanwhile, sauté sliced onions until golden brown; remove from heat, stir in mint; set aside.

4. To serve, place pottage in a large bowl, stir some of the sautéed onion mixture into the pottage and use the remainder (along with the yogurt) to garnish the top.

NOTE: *Āsh-e jow*, like other *āshes*, is generally a winter dish and can be a complete meal, served with bread if desired.

آش جو

برای ٤ تا ٥ نفر

موادلازم:

نصف فنجان نخود
نصف فنجان لو بیا قرمز
یک ونیم پوند گوشت خورشتی
٦ فنجان آب
٣ قاشق چایخوری نمک
نصف قاشق چایخوری فلفل
یک قاشق چایخوری زردچوبه
١ فنجان جو
نصف فنجان عدس
١ دسته جعفری یا گشنیز خرد شده
سه چهارم فنجان تره یا پیازچه خردشده
٢ قاشق غذاخوری کره
٢ پیاز متوسط خرد شده
٢ قاشق غذاخوری نعناع خرد شده تازه یا ١ قاشق غذاخوری نعناع خشک
١ فنجان ماست(درصورت تمایل)

طرزتهیه:

١ ــ نخود، لوبیا، گوشت، آب و ادویه هارا درقابلمه بزرگی بجوش آورید. حرارت آنراکم کنید وبمدت یکساعت بپزید تاگوشت نرم شود. این مرحله رامیتوان بادیگ زودپز وبامقدار کمتری آب انجام داد. درآن صورت بقیه آب رابعدا اضافه کنید.

٢ ــ جو، عدس، گشنیز یاجعفری و پیاز را به آش اضافه کنید و روی حرارت ملایم ٤٠ تا ٥٠ دقیقه دیگر بپزید گاهگاه آش را بهم بزنید تاازته گرفتن جلوگیری شود. اگرلازم است آب اضافی به آش اضافه کنید.

٣ ــ پیاز داغ و نعناع داغ آماده کنید.

٤ ــ آش رادر ظرف بزرگی بکشید وروی آنرا بانعناع داغ و پیاز داغ (ودر صورت تمایل باماست) تزئین یامخلوط کنید.

Āsh-e Sholeh Qalamkār
(bean and vegetable pottage)

10 to 12 servings

1 cup dried navy beans
1 cup dried kidney beans
1 lb. stew lamb or beef, cut in small strips
1 cup rice
5 cups water
½ cup lentils
½ cup mung beans
1 bunch parsley or coriander, chopped

2 bunches green onions, chopped
2 to 3 tsp. salt (to taste)
¼ tsp. pepper
1 tsp. turmeric
2 medium onions, thinly sliced
2 Tbs. butter or margarine
dash of pepper

DIRECTIONS FOR COOKING

1. Place all ingredients except onions, butter, and pepper in a large pot and bring to a boil; reduce heat and simmer for 1 hour or until all ingredients are very well done, almost falling apart, stirring occasionally. Add more water if necessary.

2. Sauté onions in butter and set aside.

3. To serve, place in large bowl and decorate with sautéed onion. Serve accompanied with *torshi* (see recipes, pages 150, 152 and 154) and flat bread (if desired).

NOTE: This delicious dish seems to have become less frequently served, particularly in large cities; however, the name, literally translated "Calico [originally a hand-stamped cloth] Pottage," is still prevalent in the common vocabulary, sometimes carrying the connotations of "hodgepodge" in English.

آش شله قلمکار

برای ۵ تا ۶ نفر

مواد لازم:

- ۱ فنجان لوبیای سفید
- ۱ فنجان لوبیای قرمز
- ۱ پوند گوشت خورشتی ریز ریز شده
- ۱ فنجان برنج
- ۵ فنجان آب
- نصف فنجان عدس
- نصف فنجان ماش
- ۱ دسته جعفری یا گشنیز خرد شده
- ۲ دسته تره یا پیازچه خردشده
- ۲ تا ۳ قاشق چایخوری نمک
- یک چهارم قاشق چایخوری فلفل
- ۱ قاشق چایخوری زردچوبه
- ۲ پیاز متوسط خرد شده
- ۲ قاشق غذاخوری کره
- مقدار کمی فلفل

طرز تهیه:

۱ ــ تمام موادرا بجز پیاز وکره وفلفل درقابلمه بزرگی بجوش بیاورید. حرارت آنرا کم کنید وبمدت یکساعت بپزید تاتمام مواد خوب پخته شود. گاهگاهی آش رابهم بزنید واگرلازم است آب به آن اضافه کنید.

۲ ــ پیاز داغ درست کنید وکناربگذارید.

۳ ــ آش را در ظرف بزرگی بکشید وروی آنرا با پیاز داغ تزئین کنید.

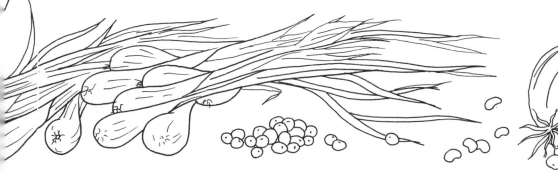

Māsh Piyāzu

(bean and onion pottage)

8 to 10 servings

1 cup of kidney beans
6 cups water
1 cup lentils
1 cup mung beans
3/4 cup cracked wheat (make sure it is not precooked)
3/4 cup rice
5 whole medium onions
7 medium onions, sliced
1 clove garlic, minced (optional)
1/2 cup butter, margarine, or vegetable oil
3 tsp. salt
2 tsp. turmeric
1 tsp. black pepper

DIRECTIONS FOR COOKING

1. Simmer kidney beans in water over medium heat for 45 minutes.

2. Add lentils and mung beans and simmer another 30 minutes.

3. Add wheat and rice and simmer another 30 minutes, adding more water if necessary. Stir occasionally to prevent sticking.

4. Peel the onions. Add the whole onions to the bean mixture; simmer for another 30 minutes.

5. Remove onions from mixture and mash; then return to the mixture and mix well.

6. Sauté the sliced onions (and garlic, if desired) in butter or oil. Stir in remaining seasonings and add to the bean mixture. Let simmer for another 10 minutes.

Serve with bread.

NOTE: This dish is a specialty of the city of Qazvin and is generally served in winter.

ماش پیازو

برای ٤ نفر

موادلازم:

۱ فنجان لوبیاچیتی
٦ فنجان آب
۱ فنجان عدس
۱ فنجان ماش
سه چهارم فنجان بلغور
سه چهارم فنجان برنج

۵ عددپیاز متوسط
۷ عدد پیازخردشده
نصف فنجان روغن یا کره
۳ قاشق چایخوری نمک
۳ قاشق چایخوری زردچوبه
۱ قاشق چایخوری فلفل سیاه

طرزتهیه:

۱ ــ لوبیا رادرقابلمه بزرگی باآب برای مدت ٤۵ دقیقه بپزید.

۲ ــ عدس وماش رابه لوبیا کنید و۳۰دقیقه دیگرطبخ کنید.

۳ ــ بلغور وبرنج رابه مخلوط اضافه کنید و۳۰ دقیقه دیگربپزید. درصورت لزوم آب اضافه کنید وگاهگاه مخلوط را بهم بزنید تا ته نگیرد.

٤ ــ پوست پیازهارا بگیرید و به مخلوط اضافه نموده و۳۰ دقیقه دیگربپزید.

۵ ــ پیازهاراکه پخته شده اند ازقابلمه درآورید وخوب بکوبید. بعد پیاز کوبیده شده را به مخلوط اضافه نمائید.

٦ ــ پیاز خردکرده رادر روغن سرخ کنید وبا ادویه ها به ماش پیازو اضافه کنید.(درصورت تمایل چند پره سیرخورد کرده، با پیاز سرخ کرده به ماش پیازو اضافه کنید)

۷ ــ ماش پیازو رابرای مدت ۱۰ دقیقه دیگر روی حرارت کم بپزید.

*** ماش پیازو که ازغذاهای قزوینی است بیشتر درزمستان مصرف میشود.**

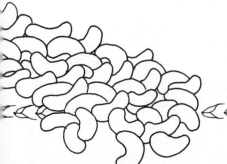

Halim Bādemjān
(eggplant paste)

6 to 8 servings

1 lb. beef or lamb
2 medium eggplants
3 to 4 Tbs. cooking oil
water
2 tsp. turmeric
2 tsp. salt
½ tsp. pepper
1 cup flour

1½ cup yogurt or liquid whey

Garnish:
1 large onion, halved and sliced
2 to 3 Tbs. butter or margarine
3 Tbs. fresh mint, chopped (or 2 Tbs. dried)
¼ tsp. paprika

DIRECTIONS FOR COOKING

1. Cook meat, either by boiling or in pressure cooker, until very tender; set juice aside.

2. Pound meat with potato masher or mortar and pestle to a soft paste, or cool and put through food processor or blender with some of the juice.

3. Peel eggplants, cut lengthwise in 3 or 4 pieces; brown lightly in oil on both sides.

4. Combine juice from meat and water, enough to make about 2 cups, with meat paste, eggplants, turmeric, salt and pepper in pot.

5. Simmer over medium heat 15 - 20 minutes.

6. Add flour slowly to mixture and mix well with potato masher. Let simmer for 10 minutes more, stirring constantly to avoid sticking.

7. Add yogurt or whey and stir. Should be the consistency of a thick paste.

8. Place in serving bowl.

GARNISH:

1. Brown onion in butter or margarine.

2. Add mint to onions and stir.

3. Decorate top of *halim* with onion-mint mixture, and sprinkle with paprika. Serve hot or cold, dipped up with thin, pita-type bread.

NOTE: *Halim bademjan* makes an excellent dip. Cut recipe in half. Makes 2½ - 3 cups of dip.

حلیم بادنجان

برای ۳تا ٤ نفر

موادلازم:

۱ پوند گوشت خورشتی
۲ بادنجان
۳تا ٤ قاشق غذاخوری روغن نباتی
آب
۲ قاشق چایخوری زردچوبه
۲ قاشق چایخوری نمک
نصف قاشق چایخوری فلفل
۱ فنجان آرد
یک ونیم فنجان ماست یا کشک

برای تزئین:
۱ پیاز بزرگ خرد شده
۲تا۳ قاشق غذاخوری کره
۳ قاشق غذاخوری نعناع تازه خردشده یا ۲ قاشق غذاخوری نعناع خشک
یک چهارم قاشق چایخوری فلفل سرخ

طرز تهیه:

۱ ــ گوشت را یادر یک قابلمه معمولی یادر دیگ زودپز آنقدربپزید تا تقریبا له شود.

۲ ــ گوشت را ازسوپ آن جداکنید وباگوشت کوب خوب بکوبید.

۳ ــ بادنجانها را پوست بکنید واز درازا به دویاسه قسمت تقسیم کنید وکمی در روغن سرخ کنید.

٤ ــ آب گوشت رابا آب کافی(درمجموع به اندازه دوفنجان)مخلوط کنید. گوشت کوبیده، بادنجانها وادویه هارا به آن اضافه کنید.

۵ ــ این مخلوط را بمدت۱۵تا۲۰ دقیقه روی حرارت متوسط بپزید.

۶ ــ به این مخلوط کم کم آرد اضافه کنید وسپس باگوشت کوب بکوبید تابخوبی مخلوط وله شود. اجازه بدهید حلیم ده دقیقه دیگر به آرامی بپزد.

۷ ــ کشک یاماست رابحلیم اضافه کنید وخوب مخلوط نمائید.

۸ ــ حلیم رادر ظرفی بکشید وروی آنرابا کشک یاماست و پیاز داغ ونعناع داغ وفلفل سرخ تزئین نمائید.

Halim
(meat and wheat porridge)

8 to 10 servings

1 lb. beef chuck roast or lamb*
1½ to 4 cups water
2 cups instant Cream of Wheat
3 cups milk
3 cups water

1 tsp. salt
½ to ¾ cup butter or margarine
sugar
cinnamon

DIRECTIONS FOR COOKING

1. Cook meat until it falls apart, either 1 hour in a pressure cooker with 1½ cups water or 2 hours or more boiling in 3 - 4 cups water (add more water if needed).

2. Remove from water and mash into paste with a potato masher or, after it has cooled, in a food processor or blender with some of the juices from cooking. Set remaining juice from cooking meat aside.

3. Add Cream of Wheat, milk, water (use juice from the meat as part of this measure), and salt to meat mixture in a large pot. Simmer gently over low or medium-low heat for 30 minutes or until mixture becomes a thick, smooth paste (may require further mashing), stirring occa-sionally to avoid sticking on bottom of pot.

4. Pour *halim* into a large serving bowl. Decorate top with melted butter, sugar, and cinnamon to taste, or serve with butter, sugar, and cinnamon as condiments.

NOTE: This is a traditional winter breakfast, usually bought in specialty shops, very often served side-by-side with *adasi* (see recipe p. 88) and is scopped up with flat bread.

* Turkey can be substituted for beef or lamb to produce *halim-e shir* (also known as *halim-e buqalamun*), in which case, the top can also be decorated with small bits of turkey in addition to the butter, sugar, and cinnamon.

حلیم

برای ٤ تا ٥ نفر

موادلازم:

۱ پوند گوشت خورشتی
٤ فنجان آب
۲ فنجان کرم گندم(cream of wheat)*
۲ فنجان شیر
۳ فنجان آب

۱ قاشق چایخوری نمک
نصف تا سه چهارم قاشق غذاخوری کره
شکر
دارچین

طرزتهیه:

۱ ــ گوشت رادرآب بپزید تاخوب له شود. پختن گوشت بادیگ زودپز زمان طبخ راکاهش میدهد. درآنصورت مقدار آب را به نصف فنجان کاهش دهید.

۲ ــ گوشت رااز سوپ آن جداکنید وباگوشت کوب له کنید.

۳ ــ کرم گندم، شیر، آب (ازآب گوشت بازای قسمتی ازاین آب استفاده کنید) ونمک را باگوشت ها درقابلمه بزرگی بریزید وروی حرارت متوسط یاکم برای مدت ۳۰ دقیقه طبخ کنید. هرازگاه باگوشت کوب حلیم را بهم بزنید تااولا ته نگیرد وثانیا قوام بیاید.

٤ ــ حلیم رادرکاسه بزرگی بریزید وروی آنرابا کره آب شده، شکر ودارچین تزئین کنید.

* کرم گندم درتمام سوپرمارکت ها موجوداست.

یادداشت:

۱ ــ حلیم رامعمولا باعدسی برای صبحانه میخورند.

۲ ــ در پختن حلیم میتوان بجای گوشت ازگوشت بوقلمون استفاده نمود که درآنصورت آنرا حلیم شیریا حلیم بوقلمون می نامند. حلیم بوقلمون رامعمولا باتکه های کوچکی از گوشت بوقلمون تزئین می کنید.

Ābgusht-e Nokhod va Gusht-e Kubideh (or Nokhodāb)

(chick-pea soup and meat paste)

4 to 6 servings

1 lb. stew meat
1 large onion, quartered
2 tsp. salt
½ tsp. pepper
1 tsp. turmeric
4 to 6 cups water

½ cup chick-peas
6 small, whole potatoes, washed
2 dried limes (limu ammani), or juice of
    fresh limes, or ¼ cup lemon juice
2 large tomatoes, quartered
1/8 cup rice

DIRECTIONS FOR COOKING

1. Put all ingredients, starting with only 4 cups of water, in a pot and bring to a boil; reduce heat to low and let simmer for 1 - 1½ hours or until meat is tender. Add more water if additional cooking time is required to tenderize meat.

2. With a slotted spoon, remove meat, potatoes, and most of the chick-peas and rice from the soup. Set soup aside over low heat to keep warm (the tomatoes will be mostly dissolved at this state).

3. Separate meat from vegetables. With a potato masher, mash the meat into a soft paste. (This also can be done, after the meat has cooled off somewhat, in a blender or food processor with enough of the soup mixture to facilitate blending.)

4. Peel off potato skins and add potatoes and chick-peas and mash along with the meat in-to a smooth paste.

5. To serve, smooth out flat on a platter, using a spatula or spoon with some of the soup to facilitate smoothing the paste.

NOTE: The soup is served in bowls with torn pieces of flat Persian or pita-type bread soaking .up the juices (much as some people crumble crackers in soup). The meat paste is eaten by scooping it up with a piece of flat bread.

Abgushts, generally, and this one in particular, are thought of by many as the "poor men's meal," since, by adding water to the soup (a Persian expression), one could feed a large family or unexpected guests. However, a good *abgusht* makes an excellent meal.

Although not a Persian tradition, the meat paste makes an ideal hors d'oeuvre.

آبگوشت نخودو گوشت کوبیده (نخودآب)

برای ۳تا ٤ نفر

موادلازم:

۱ پوند گوشت خورشتی
۱ پیاز بزرگ قاچ شده
۲قاشق چایخوری نمک
نصف قاشق چایخوری فلفل
۱ قاشق چایخوری زردچوبه
٤تا٦فنجان آب

نصف فنجان نخود
٦سیب زمینی کوچک
۲عدد لیموی عمانی یایک چهارم فنجان آب لیمو
۲گوجه فرنگی بزرگ قاچ شده
یک هشتم فنجان برنج

طرزتهیه:

۱ ــ تمام موادرا باچهار فنجان آب درقابلمه نسبتا بزرگی بریزید وبجوش بیاورید. حرارت آنراکم کنید وبمدت یک الی یک ونیم ساعت روی حرارت ملایم بپزید. اگر پس ازاین مدت گوشت کاملا پخته نشده آب به آن اضافه کنید واجازه بدهید کاملا پخته شود.

۲ ــ باکفگیر گوشت سیب زمینی وقسمت اعظم حبوبات را ازآب گوشت جداکنید. آب گوشت را گرم نگاهدارید.

۳ ــ گوشت راازسیب زمینی وحبوبات جداکرده ودرظرف دیگری خوب بکوبید.

٤ ــ سیب زمینی هارا پوست کنده وبادیگر حبوبات بگوشت کوبیده شده اضافه کنید. تمام مخلوط راخوب بکوبید.

٥ ــ گوشت کوبیده رادربشقاب بزرگی بریزید وروی آنرابا پشت ملاقه صاف کنید. باندازه۲تا۳ قاشق غذاخوری ازآبگوشت روی آن بپاشید تا خشک نشود.

Ābgusht-e Sabzi (Bozbāsh) va Gusht-e Kubideh
(green vegetable soup and meat paste)

6 to 8 servings

1½ lb. beef or lamb
1 cup dried navy beans (or 1 can)
1 large onion, quartered
2 to 3 tsp. salt
½ tsp. pepper
1 tsp. turmeric

6 cups water
2 cups leeks (or green onions), chopped
1 bunch parsley, chopped
6 small whole potatoes, washed
3 dried limes or ¼ cup lemon juice

DIRECTIONS FOR COOKING

Abgusht:

1. Cut meat into chunks for easier handling; add, along with beans (if using canned beans, add during last 5 minutes of cooking), onion, and seasonings to water in a 3-quart pot; simmer for about 2 hours or until meat is very well done. (This can also be done in a pressure cooker, in which case, use 2 cups water first; cook for 30 minutes or until meat is very well done and add 2 cups more water after the meat is cooked.)

2. Add leeks, parsley, and potatoes; simmer for another 30 - 40 minutes (in pressure cooker, 10 minutes).

3. Add dried limes or lemon juice. (If using pressure cooker and canned beans, simmer beans in pressure cooker without pressure for 5 minutes before serving.) Serve with torn pieces of flat bread in each bowl.

Gusht-e Kubideh:

1. Remove meat, potatoes, and beans from pot.

2. Peel potatoes and mash together with beans and meat using a potato masher or a food processor or blender, with some of the soup.

3. Smooth out flat on a serving platter, using a spatula or spoon with some of the soup to facilitate smoothing the paste.

Serve with *torshi* (see pages 150, 152 and 154) as an accompaniment.

NOTE: *Gusht-e kubidehs* are eaten with the fingers, scooped up with pieces of flat bread.

آبگوشت سبزی وگوشت کوبیده (بزباش)

برای ۳تا ٤نفر

موادلازم:

یک ونیم پوند گوشت خورشتی
۱ فنجان لوبیای سفید
۱ پیاز بزرگ قاچ شده
۲تا۳قاشق چایخوری نمک
نصف قاشق چایخوری فلفل
۱ قاشق چایخوری زردچوبه

٦ فنجان آب
۲ فنجان تره یاپیازچه خردشده
۱ دسته جعفری خرد شده
٦ سیب زمینی کوچک
۳ لیموعمانی یایک چهارم فنجان آب لیمو

طرزتهیه:

الف ــ آبگوشت:

۱ ــ گوشت رابا لوبیا، پیازو ادویه ها درقابلمه متوسطی ریخته جوش بیاورید وروی حرارت کم بمدت۲ ساعت بپزید تاخوب پخته شود.

۲ ــ سبزیجات وسیب زمینی را به آب گوشت اضافه کنید و۳۰تا٤۰ دقیقه دیگر باحرارت ملایم بپزید.

۳ ــ لیموی عمانی یا آب لیمورابه آب گوشت اضافه نموده وتاموقع کشیدن بگذارید به آرامی روی حرارت کم بپزد.

ب ــ گوشت کوبیده:

۱ ــ برای درست کردن گوشت کوبیده؛ گوشت، سیب زمینی و لوبیا را از آب گوشت جدا کنید.

۲ ــ گوشت را ابتدا خوب بکوبید وبعد سیب زمینی پوست کنده رابه آن اضافه نموده وخوب بکوبید.

۳ ــ گوشت کوبیده را دربشقاب بزرگی قرارداده وباپشت ملاقه روی آنرا صاف کنید.

Ābgusht-e Bāghbāni
(gardener's soup and meat paste)

6 servings

1 cup dried or 1 can pinto beans
1 cup dried or 1 can garbanzo beans or
    chick-peas
1½ cups water (if using dried beans)
2 - 3 lbs. lamb chops, or 4 medium-size
    lamb shanks, or beef, cut in cubes
3 medium onions, chopped
3 Tbs. vegetable oil
5 cups water
1 tsp. salt
½ tsp. pepper

1 tsp. turmeric
¼ tsp. cinnamon
2 cloves garlic
1½ Tbs. tomato paste
4 small potatoes
1 small eggplant or ½ of a medium or large
    eggplant, peeled and cut into chunks
5 okra pods
1 small bell pepper, cut in chunks
1½ Tbs. lemon juice or juice from sour
    grapes (**ab ghureh**)

DIRECTIONS FOR COOKING

1. If using dry beans, soak them in water for several hours or overnight. If using canned beans, skip to next step and drain the beans and add in the final 10 minutes of cooking.

2. Cut lamb chops or beef into cubes. If using lamb shanks, use them whole.

3. Sauté onion in oil until golden brown.

4. Put onion, water, drained soaked beans, meat, and seasonings in a large pot. Simmer over medium heat until the meat is partially cooked.

5. Cut off ends of okra and add along with potatoes, eggplants, green pepper, and lemon juice; simmer until potatoes are tender.

To serve: Remove solid ingredients from soup. The soup may be served in small bowls with flat, pita-type bread. The solid ingredients can be served as is or mashed together into a paste and formed on a platter to be scooped up with flat pieces of bread.

آبگوشت باغبانی

برای ٤ تا ٦ نفر

موادلازم:

۱ فنجان نخود
۱ فنجان لوبیا
۲ تا ۳ پوند گوشت ماهیچه
۳ پیاز متوسط خرد شده
۳ قاشق غذاخوری روغن مایع
۱ قاشق چایخوری نمک
یک سوم قاشق چایخوری فلفل
۱ قاشق چایخوری زرد چوبه
یک ونیم قاشق غذاخوری رب گوجه فرنگی
۲ پره سیر
نصف قاشق چایخوری دارچین
٤ سیب زمینی کوچک
۱ عدد بادمجان کوچک پوست کنده وخرد شده
۵ عدد بامیه
۱ عدد فلفل سبز دلمه ای قطعه قطعه شده
یک ونیم قاشق غذاخوری آب لیمو یا آب غوره

طرزتهیه:

۱ ــ نخود ولوبیا رابرای چند ساعت درآب خیس کنید. درصورتیکه از نخود و لوبیای کنسرو استفاده می نمائید آنهارا در ۱۰ دقیقه آخر به آبگوشت اضافه نمائید.

۲ ــ گوشت را بقطعات ۲ سانتیمتری خرد کنید. درصورت استفاده ازماهیچه میتوانید درسته بپزید.

۳ ــ پیاز داغ درست کنید.

٤ ــ پیاز، آب، نخود، لوبیا، گوشت و ادویه هارا درقابلمه ریخته وباحرارت ملایم برای ۲ ساعت بپزید تا گوشت پخته شود.

۵ ــ سیب زمینی، بادمجان، بامیه وفلفل سبزرا با آب لیمو به آبگوشت اضافه کنید وباحرارت ملایم بپزید تا سیب زمینی ها پخته شود.

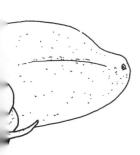

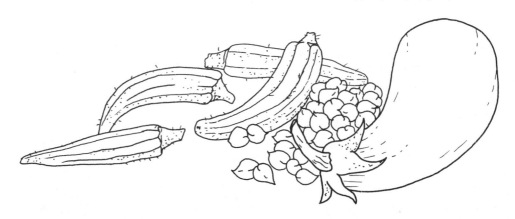

Ābgusht-e Zabān
(tongue soup)

6 to 8 servings

2 lamb tongues (or 1 beef tongue)
6 cups water
2½ tsp. salt
½ tsp. pepper
½ tsp. turmeric
3 medium onions, sliced
¼ cup freshly chopped parsley
2 Tbs. fresh or 1 Tbs. dried mint
2 Tbs. lime or lemon juice or vinegar

DIRECTIONS FOR COOKING

1. Scrub tongues in warm water with a brush or the edge of a knife.

2. Place in a medium-size pot together with spices, water, and onions. Cover the pot and bring to a boil; reduce heat and let simmer 2½ to 3 hours. (Shortcut: The tongues, spices, onions and only 2 cups of water can be cooked in a pressure cooker for 1 to 1½ hours.)

3. With a sharp knife, remove skin from tongue(s) and return tongue(s) to pot.

4. When the tongues are tender, add parsley, mint, and juice or vinegar (if using a pressure cooker, add another cup of water here) and let simmer an additional 20 minutes. Occasionally check the water in the pot and add more if the amount becomes less than 3 cups.

Eshkeneh
(egg drop soup)

6 to 8 servings

2 medium onions, thinly sliced
½ cup butter or margarine
4 cups water
2 tsp. salt
½ tsp. pepper
½ tsp. turmeric
¼ cup dried mint
4 eggs

DIRECTIONS FOR COOKING

1. Sauté onions in butter or margarine.

2. Add to water and seasonings in a medium-size pot; bring to a boil; reduce heat and simmer for 5 minutes.

3. Break the eggs one at a time and drop them into the soup mixture; let simmer 2 more minutes.

Serve with hot bread and yogurt.

آبگوشت زبان

برای ۳تا ٤نفر

موادلازم:

۲ عدد زبان گوسفند یایک عدد زبان گوساله
٦ فنجان آب
دو ونیم قاشق چایخوری نمک
نصف قاشق چایخوری فلفل
نصف قاشق چایخوری زردچوبه
۳ پیاز متوسط خورد شده
یک چهارم فنجان جعفری خوردشده
۲قاشق غذاخوری نعناع تازه خردشده یایک قاشق غذاخوری نعناع خشک
۲ قاشق غذاخوری آب لیمو یاسرکه

طرزتهیه:

۱ ــ زیرآب گرم زبان را با تیغه کارد یا بوروس سیمی تمیز بشوئید.

۲ ــ زبان رادرقابلمه متوسطی بگذارید. آب، ادویه ها و پیاز رابه آن اضافه کنیدومخلوط را بجوش بیاورید. حرارت راکم کنید و بگذارید دوونیم تاسه ساعت بپزد.

۳ ــ وقتی زبان خوب پخته شده بادقت پوست روی زبان را بکنید. جعفری، نعناع وآب لیمویاسرکه رابه آن اضافه کنید. اجازه بدهید ۲۰ دقیقه دیگر بپزد. هرگاه سوپ شما آبش کم بود آب به آن اضافه کنید.(سوپ زبان باید ازسه فنجان کمترنشود.)

اشکنه

برای۳تا ٤

موادلازم:

۲ پیاز متوسط ورقه ورقه شده
نصف فنجان کره
٤ فنجان آب
۲ قاشق چایخوری نمک
نصف قاشق چایخوری فلفل
نصف قاشق چایخوری زردچوبه
یک چهارم فنجان نعناع خشک
٤ تخم مرغ

طرزتهیه:

۱ ــ پیازرا درکره سرخ کنید.

۲ ــ درقابلمه ای متوسط آب و ادویه هارا مخلوط کنید وبجوش بیاورید. پیازداغ رابه آن اضافه کنید.

۳ ــ تخم مرغ هارا یکی یکی درسوپ درحال جوش بشکنید واجازه دهید یکی دودقیقه دیگر بپزد.

Kolah Jush*

(whey [or yogurt] soup)

5 to 6 servings

2 medium onions, thinly sliced
5 to 6 Tbs. butter
1/4 cup chopped walnuts
1/2 cup powdered whey [kashk]†
(or substitute 2 cups yogurt)
1 1/2 cup water (if using whey)
2 tsp. salt (if whey is salty, omit)
1 1/2 cups water
1/2 tsp. turmeric
1/4 tsp. black pepper
2 Tbs. flour
2 Tbs. fresh or dried mint

DIRECTIONS FOR COOKING

1. Sauté onions in butter.

2. Stir in walnuts and brown a few minutes.

3. Transfer onion-walnut mixture and butter into a pot. Mix together all remaining ingredients. Bring to a boil; reduce heat and let simmer for 5 minutes.

NOTE: Serve with flat bread, *nan-e khoshkeh*, (see recipe, page 194), or melba toast.

* Also known as *kalleh jush*.

† Available through Iranian grocery stores.

Ābdugh Khiyār

(cold yogurt and cucumber soup)

4 to 5 servings

2 cups yogurt
3 cups cold water
1/2 tsp. salt
2 cucumbers, grated
1 small onion, grated (optional)
2 tsp. chopped fresh or 1 tsp. dried mint
1/4 tsp. pepper
1/4 cup chopped walnuts
1/4 cup raisins

DIRECTIONS FOR COOKING

1. In mixing bowl, beat yogurt until it is smooth. Add water and salt and stir well to completely dissolve yogurt and salt in the water.

2. Add and mix together all remaining ingredients, except for raisins, which are sprinkled over the mixture when ready to be served.

NOTE: *Ābdugh Khiyār* should be served with *nan-e khoshkeh* (see recipe, page 194) or other form of dry, firm cracker (such as melba toast), which is usually broken into bite-size pieces, dropped into the soup, and eaten with a spoon. This dish makes an excellent appetizer.

کلاه جوش*

برای۲تا۳نفر

موادلازم:

۲پیاز متوسط خرد شده
۵تا٦ قاشق غذاخوری کره
یک چهارم فنجان مغز گردوی خرد شده
نصف فنجان پودر کشک یا۲ فنجان کشک مایع یاماست
یک ونیم فنجان آب (درصورتیکه از پودرکشک استفاده میشود)
۲ قاشق چایخوری نمک(اگرکشک زیادنمک دارد این مقداررا حذف کنید.)
یک ونیم فنجان آب
نصف قاشق چایخوری زردچوبه
یک چهارم قاشق چایخوری فلفل
۲ قاشق غذاخوری آرد
۲ قاشق غذاخوری نعناع خشک

طرزتهیه:

۱ ــ پیاز را سرخ کنید.
۲ ــ مغز گردو رابه پیازداغ اضافه کنید وچند دقیقه بهم بزنید.
۳ ــ این مخلوط را درقابلمه متوسطی بریزید وتمام مواد دیگر را به آن اضافه کنید وبجوش بیاورید. حرارت زیرآنرا کم کنید وبگذارید بمدت۵ دقیقه به آرامی پخته شود.

* کلاه جوش را دربعضی مناطق کله جوش می نامند.

آبدوغ خیار

برای۲تا۳نفر

موادلازم:

۲ فنجان ماست
۳ فنجان آب سرد
نصف قاشق چایخوری نمک
۲ خیار رنده شده
۱ پیاز کوچک رنده شده
۲ قاشق چایخوری نعناع تازه خردشده یایک قاشق چایخوری نعناع خشک
یک چهارم قاشق چایخوری فلفل
یک چهارم فنجان مغز گردوی خرد شده
یک چهارم فنجان کشمش
یک قاشق چایخوری پونه(درصورت دسترس بودن)

طرزتهیه:

۱ ــ درظرفی ماست را کاملا بزنید. بعد آب ونمک رابه آن اضافه نموده وخوب مخلوط کنید.
۲ ــ تمام مواد دیگر رابغیراز کشمش به آن اضافه کنید.
۳ ــ چند دقیقه قبل از خوردن آبدوغ خیار کشمش رابه آن اضافه کنید.

dolmehs and kuftehs

Dolmehs basically are stuffed vegetables. The recipes that follow are among the most traditional and most common in Iran. However, in recent years, other stuffed vegetables, such as tomatoes and bell peppers, also have found their way into Persian kitchens. They can be served as main dishes or as accompaniments to other foods.

Kuftehs are meatballs, of varying sizes, generally made of ground meat, rice, and various vegetables and herbs. Some are even stuffed. In fact, they vary almost as much as individual imaginations; however, those included in this section are among the most common and widely recognized. Like **dolmehs**, **kuftehs** can be either featured as main dishes or served as side dishes.

Dolmeh-ye Beh

(stuffed quinces)

5 to 6 servings

2 medium onions, chopped
1/4 cup butter or margarine
1 lb. ground lamb or beef
1 tsp. cinnamon
1 tsp. salt
1/4 tsp. pepper
1/4 cup rice
1/4 cup sugar, dissolved in 1/2 cup hot water
5 large or 6 medium quinces
1 cup water
1/4 cup sugar
1/4 cup vinegar or lemon juice

DIRECTIONS OR COOKING

1. Sauté onions in butter or margarine.

2. Sprinkle meat with spices and add to onions. Brown thoroughly.

3. Add rice and dissolved sugar to meat and let simmer on very low heat, stirring occasionally to prevent sticking.

4. Clean the quinces well, rubbing off the fuzz if necessary, and rinse in water. Cut off the tops of each quince and set aside. With an apple corer or a spoon, scoop out the seeds and some of the pulp, leaving a thickness of 3/4" to 1/2" from the skin.

5. Stuff each quince with the meat mixture and some of the juice.

6. Place tops of each quince back and secure with a few toothpicks.

7. Arrange quinces in a wide pan or deep baking dish with tops up.

8. Mix water, sugar, and vinegar or lemon juice, pour over the quinces and simmer over moderate heat or in 350° oven for 1½ - 2 hours. Cooking time may vary with the ripeness and size of the quinces.

9. To serve, transfer each *dolmeh* carefully to a platter and pour some of the juice from the pot or baking dish evenly over the quinces.

NOTE: Since quince is not always readily available in all parts of the United States, try substituting 12 large baking apples for the quinces, in which case, the baking time will be reduced to about 1 hour.

دلمه به

برای ٤ تا ٦ نفر

موادلازم:

۲ پیازمتوسط خردشده
یک چهارم فنجان کره یا روغن نباتی
۱ پوند گوشت چرخ کرده
۱ قاشق چایخوری دارچین
۱ قاشق چایخوری نمک
یک چهارم قاشق چایخوری فلفل سیاه

یک چهارم فنجان برنج
یک چهارم فنجان شکر محلول درنصف فنجان آب داغ
۵ عدد به بزرگ یا٦عدد به متوسط
۱ فنجان آب
یک چهارم فنجان شکر
یک چهارم فنجان سرکه یا آب لیمو

طرزتهیه:

۱ ــ پیازرادرماهیتابه متوسطی سرخ کنید.

۲ ــ ادو یه هاراروی گوشت بپاشید و به پیاز اضافه نموده گوشت را خوب سرخ کنید.

۳ ــ برنج رابا محلول شکر به گوشت و پیاز اضافه نموده اجازه بدهید روی حرارت کم به آرامی بپزد. گاهگاه این مخلوط را بهم بزنید تا نسوزد.

٤ ــ کرک به هارا پاک کنید وآنهارا بشوئید. سرهر به را از قسمت ساقه بضخامت یک سانتیمتر ببر ید ومغز به رابا قاشق یاوسیله مشابهی خالی کنید بطوریکه یک ونیم تا دوسانتیمتر ازاطراف به باقی بماند.

۵ ــ هرکدام ازبه هارا ازمخلوط گوشت وغیره پرکنید وقدری ازآب باقیمانده درماهیتابه را روی مخلوط به هابر یز ید.

٦ ــ سر هر به را روی آن بگذار ید وباچند خلال دندان محکم کنید.

۷ ــ به هارا کف قابلمه بزرگ یا ظرف نسوزی بچینید.

۸ ــ آب، شکر، سرکه یا آب لیمورامخلوط نموده ودرقابلمه بر یز ید و به هارا باحرارت ملایم روی اجاق یادرحرارت ۳۵۰ درجه فارنهایت برای یک ونیم تا ۲ ساعت طبخ کنید. زمان طبخ نسبت به اندازه به ها وسفتی یاتردی آنها تغییر میکند.

۹ ــ برای کشیدن،به هارادر دیس بزرگی بچینید وقدری ازآب توی قابلمه راروی آنها بر یز ید.

یادداشت:

*** به را فقط گاهگاهی میتوان دربعضی نقاط آمر یکا یافت. بدین لحاظ برای تهیه غذائی مشابه(دلمه سیب) میتوانید از۱۲ عدد سیب پختنی بزرگ استفاده کنید. دراینصورت مدت طبخ به حدود یکساعت کاهش خواهد یافت.**

Dolmeh-ye Barg-e Mo I

(stuffed grape leaves)

6 to 8 servings; more as an hors d'oeuvre

1/4 cup yellow or green split peas
1/2 cup uncooked rice
1 medium onion, chopped
1/4 cup butter or margarine
3 Tbs. dried dill weed, mint, or tarragon
1 bunch scallions, chopped (or green onions)
1 egg, slightly beaten
1/2 cup currants
1 1/2 tsp. salt
1/4 tsp. pepper
1/2 tsp. turmeric
1/2 tsp. cinnamon
1 can grape leaves
1/4 cup lemon juice or vinegar
2 Tbs. sugar
1 cup water

DIRECTIONS FOR COOKING

1. Cook split peas in boiling water until tender, about 20 minutes. Drain and set aside.

2. Cook rice in lightly salted boiling water 15 minutes. Drain and set aside.

3. Sauté onion in butter or margarine. Add scallions and cook a few minutes more.

4. Mix together rice, peas, onion, scallions, egg, currants, and seasonings in a large bowl.

5. Drain and rinse the grape leaves and spread out flat. Put about 1 Tbs. (alter according to size of leaf) of rice mixture on each leaf. Fold edges over and roll up.

6. Line bottom of pot with unused leaves. Arrange stuffed grape leaves, seam side down, in pot.

7. Mix together lemon juice or vinegar, sugar, and water and pour over leaves. Cover and simmer over low heat until tender, about 30 minutes. (Can also be baked in 350° oven for 30 minutes.)

May be served hot or cold.

دلمه برگ مو(۱)

برای ۳تا ٤ نفر

موادلازم:

یک چهارم فنجان لپه
نصف فنجان برنج
۱ پیاز متوسط خرد شده
یک چهارم فنجان کره
۳ قاشق غذاخوری شوید، نعناع یا ترخان
۱ دسته پیازچه خردشده
۱ تخم مرغ خام زده شده
نصف فنجان زرشک یا کشمش
نصف قاشق چایخوری نمک
یک چهارم قاشق چایخوری فلفل
نصف قاشق چایخوری زردچوبه
نصف قاشق چایخوری دارچین
۱ قوطی بزرگ برگ مو
یک چهارم فنجان آب لیمو یاسرکه
۲ قاشق غذاخوری شکر
۱ فنجان آب.

طرزتهیه:

۱ ــ لپه رادرآب حدود ۲۰ دقیقه بجوشانید تاپخته شود. آبکش کنید وکنار بگذارید.

۲ ــ برنج رادرآب کم نمکی برای مدت ۱۵ دقیقه بپزید وآبکش کنید.

۳ ــ پیاز رادرکره سرخ کنید. تره یا پیازچه را به آن اضافه کنید وچند دقیقه روی اجاق بهم بزنید.

٤ ــ برنج، لپه، پیاز، تره یا نعناع، تخم مرغ، زرشک یا کشمش و ادویه را درکاسه بزرگی مخلوط کنید.

۵ ــ آب قوطی برگ موراخالی کنید و برگهای مورا زیر آب سرد بشوئید تانمک اضافی آن شسته شود. درهر برگ باندازه یک قاشق غذاخوری ازمخلوط ریخته وچهارطرف آنرابا دقت تاکنید تاهمه مخلوط پوشیده شود.

٦ ــ کف قابلمه ای را بایک لایه از برگهای استفاده نشده بپوشانید و دلمه هارا ازطرف تاشده روی آن بچینید.

۷ ــ آب لیمو یاسرکه، شکر وآب را مخلوط کنید و روی دلمه ها بریزید. حدود ۳۰ دقیقه روی حرارت کم بپزید.

Dolmeh-ye Barg-e Mo II

(stuffed grape leaves with meat)

8 to 10 servings

3/4 lb. ground beef or lamb
1 Tbs. lemon juice
1/2 cup partially cooked rice
1/2 cup cooked split peas
1 tsp. turmeric
3/4 cup chopped fresh parsley
3/4 cup chopped fresh coriander
2 Tbs. chopped fresh or 1/2 Tbs. dried tarragon
2 Tbs. fresh or 1/2 Tbs. dried fennel leaves
3/4 cup chopped scallions
2 cloves garlic, crushed
2 Tbs. tomato paste
1 tsp. salt
1/2 cup yogurt
1 can or jar grape leaves
1 1/2 cups water

DIRECTIONS FOR COOKING

1. Mix together all ingredients except for grape leaves and water.

2. Rinse salt off grape leaves.

3. Lay out flat or put in the palm of your hand one leaf at a time and place 1 - 1 1/2 Tbs. of the mixture on top. To wrap the stuffing in the leaf, first, fold the bottom edge tightly over the stuffing, then the sides, and then roll up.

4. Line the bottom of a deep pot with torn and unused leaves and place stuffed leaves, seam side down, in the pot.

5. Add water and cook over medium-low heat for 30 - 40 minutes.

دلمه برگ مو(۲)

برای ٤ تا ٥ نفر

موادلازم:

سه چهارم پوند گوشت گاو یا گوسفند چرخ کرده
۱ قاشق غذاخوری آب لیمو
نصف فنجان برنج پخته
نصف فنجان لپه پخته
۱ قاشق چایخوری زردچوبه
سه چهارم فنجان جعفری خرد شده
سه چهارم فنجان گیشنیز خردشده
۲ قاشق غذاخوری ترخان تازه خرد شده یانصف قاشق غذاخوری ترخان خشک
۲ قاشق غذاخوری مرزه تازه خرد شده یانصف قاشق غذاخوری مرزه خشک
سه چهارم فنجان پیازچه خرد شده
۲ پره سیر له شده
۲ قاشق غذاخوری رب گوجه فرنگی
۱ قاشق چایخوری نمک
نصف فنجان ماست
۱ قوطی یایک شیشه برگ مو
یک ونیم فنجان آب

طرزتهیه:

۱ ــ تمام موادرا بجز برگ مو وآب خوب مخلوط کنید.
۲ ــ برگ موهارا درآب سرد بشوئید تا نمک آن گرفته شود.
۳ ــ یک برگ مورا درکف دست قرار دهید و بمقداریک تا یک ونیم قاشق غذاخوری ازمخلوط راروی آن قرارداده ومانند بقچه بپیچید.
٤ ــ چند برگ مورا در کف قابلمه قرار داده و دلمه هارا وارونه روی یکدیگر بچینید.
٥ ــ آب راروی دلمه ها بریزید و درحرارت ملایم برای مدت ۳۰ الی ٤۰ دقیقه بپزید.

Dolmeh Bādemjān
(stuffed eggplant)

4 servings

4 medium eggplants
1 large onion, finely chopped
½ cup butter or shortening
1 bunch leeks or scallions (or green onions),
  chopped
½ cup chopped parsley
1 tsp. dried tarragon

2 hard-boiled eggs, chopped
1 tsp. salt
¼ tsp. pepper
½ tsp. curry powder
1 lb. lean ground beef
2 cups tomato juice
1 cup yogurt

DIRECTIONS FOR COOKING

1. Peel eggplants (if desired) thinly. Cut off tops just below the stem; save tops. Scoop out pulp with spoon or apple corer. Sprinkle insides with salt. Set aside.

2. Sauté onion in ¼ cup of the butter.

3. Add the meat and brown.

4. Add leeks and parsley and cook about 5 minutes more.

5. Add tarragon, eggs, salt, pepper and curry powder.

6. Pat dry insides (and outsides, if peeled) of eggplants with paper towel. Stuff loosely with meat mixture. Replace tops. (They can be secured with toothpicks.)

7. Brown eggplants on all sides with remaining ¼ cup of butter. Add more butter while browning if necessary. Handle gently to prevent breakage.

8. Arrange eggplants upright in a deep pot.

9. Pour the tomato juice over the eggplants.

Cover and simmer over low heat (or bake in 350° oven) for 30 minutes.

To serve, remove eggplants to serving dish, handling gently. Add yogurt to tomato juice in pan. Mix well and pour over eggplants.

دلمه بادنجان

برای۲نفر

موادلازم:

٤ بادمجان متوسط
۱ پیاز بزرگ خرد شده
نصف فنجان کره
۱ دسته تره یاپیازچه خردشده
نصف فنجان جعفری خردشده
۱ قاشق غذاخوری ترخان خشک
۲ تخم مرغ آب پز خردشده

۱ قاشق چایخوری نمک
یک چهارم قاشق چایخوری فلفل
نصف قاشق چایخوری ادو یه کاری
۱ پوند گوشت چرخ کرده کم چربی
۲ فنجان آب گوجه
۱ فنجان ماست

طرزتهیه:

۱ ــ بادمجانها رادرصورت تمایل پوست بکنید وسرآنرا درست زیر کله بادمجان ازآن جداکنید ولی دورنیاندازید. بایک قاشق مرباخوری شکم بادمجان راازسر خالی کنید وداخل آنراکمی نمک بپاشید. دقت کنید بادمجان پاره نشود.

۲ ــ پیازرادریک چهارم فنجان کره سرخ کنید.

۳ ــ گوشت را به پیاز اضافه نموده و سرخ کنید.

٤ ــ تره یا پیازچه و جعفری رابه این مخلوط اضافه کرده و۵دقیقه دیگرسرخ کنید.

۵ ــ ترخان، تخم مرغ و ادو یه هارابمخلوط اضافه کنید. مخلوط راازروی اجاق بردارید.

٦ ــ داخل و خارج بادمجانهارا(اگر پوست کنده اید) باحوله ای خشک کنید وازمخلوط گوشت و غیره آنهاراپرکنید. کلاهک بادمجان راروی بادمجان قراردهید وباچند خلال دندان آنرامحکم کنید.

۷ ــ بادمجانهارا دربقیه کره به آرامی سرخ کنید. مواظب باشید شکم دلمه هاپاره نشود.

۸ ــ دلمه هارا عمودی کنارهم درقابلمه عمیقی بچینید.

۹ ــ آب گوجه را روی بادمجانها بریزید ودرفر با درجه ۳۵۰ درجه فارنهایت یا روی اجاق باحرارت متوسط برای مدت ۳۰ دقیقه بپزید.

۱۰ ــ برای کشیدن دلمه ها آنهارا به دیس بزرگی منتقل کنید. ماست را باباقیمانده آب گوجه مخلوط نموده روی آنها بریزید.

Dolmeh Kalam

(stuffed cabbage leaves)

4 to 5 servings

1/4 cup yellow split peas
1/3 cup rice
1 medium onion, finely chopped
2 Tbs. butter
1 lb. lean ground beef
1/2 cup parsley, chopped
1 tsp. salt
1/4 tsp. pepper
1/2 tsp. cinnamon
1 head cabbage
1/4 cup sugar
1/3 cup vinegar
1 cup water

DIRECTIONS FOR COOKING

1. Cook peas in boiling water until tender, about 25 minutes. Drain and set aside.

2. Cook rice in lightly salted boiling water about 15 minutes. Drain and set aside.

3. Sauté onion in butter. Remove onions from butter and set skillet aside.

4. In a large bowl, mix meat, peas, rice, onion, parsley, and seasonings. Mix well.

5. Separate cabbage leaves from stem. Boil them gently in lightly salted water about 3 minutes. Drain gently, taking care not to break the leaves. Spread out flat.

6. Take 1 leaf at a time in hand; put about a tablespoon and a half of the stuffing mixture on it. Fold over the edges of each leaf and roll up starting from stem end.

7. Line bottom of baking dish with unused leaves. Arrange stuffed leaves, seam side down, in dish.

8. Mix water, sugar, and vinegar in buttered skillet (used to saute onions). Pour over leaves. Bake, covered, in 350° oven for 30 minutes. (Can also be cooked over low heat on the stove for 30 minutes.)

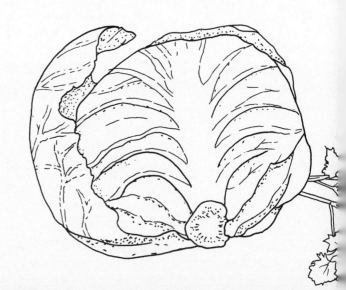

دلمه کلم

برای ۲ تا ۳ نفر

موادلازم:

یک چهارم فنجان لپه
یک سوم فنجان برنج
۱ پیاز متوسط خرد شده
۲ قاشق غذاخوری کره
۱ پوند گوشت چرخ کرده کم چربی
نصف دسته جعفری خردشده
۱ قاشق چایخوری نمک

یک چهارم قاشق چایخوری فلفل
نصف قاشق چایخوری دارچین
۱ کله کلم
یک چهارم فنجان شکر
یک سوم فنجان سرکه
۱ فنجان آب

طرزتهیه:

۱ ــ لپه را دراندازه کافی بپزید وآب آنراخالی کرده کنار بگذارید.

۲ ــ برنج رادرمقداری آب کم نمک حدود ۱۵ دقیقه بجوشانید. آب آنرا خالی کنید وکنار بگذارید.

۳ ــ پیاز رادرکره سرخ کنید و بعد با کفگیر آنرا از کره جدا کنید.

۴ ــ درکاسه بزرگی گوشت، لپه، برنج، پیاز، جعفری و ادویه هارا خوب مخلوط کنید.

۵ ــ برگهای کلم رابا دقت ازهم جدا کنید بطوریکه پاره نشوند. درقابلمه بزرگی که آب کم نمکی درآن بجوش آورده اید برگهای کلم را بیاندازید و بگذارید برگهاسه دقیقه بجوشند تانرم شوند. برگهارا در سینی بزرگی پهن کنید.

۶ ــ یک برگ راکف دستتان قرار بدهید وحدود یک ونیم تادو قاشق از مخلوط گوشت وغیره روی برگ بگذارید. چهارطرف آنرا تا کنید بطوریکه مخلوط خوب در برگ پیچیده شود.

۷ ــ کف ظرف نسوز یاقابلمه ای را باچندعدد برگهای اضافی بپوشانید ودلمه هارا ازطرف تاشده روی برگها بچینید.

۸ ــ آب، شکر وسرکه را درکره ای که از پیاز سرخ کردن باقیمانده دوسه دقیقه بجوشانید وروی دلمه ها بریزید. برای مدت ۳۰ دقیقه دلمه هارا درفر باحرارت ۳۵۰ درجه فارنهایت وباحرارت ملایم روی اجاق بپزید.

Qeymerizeh
(chick-pea meatballs)

5 to 6 servings

- 1 lb. ground beef or lamb
- 1½ cups roasted chick-pea flour
  (see recipe page 214)
- 1 tsp. salt
- ½ tsp. pepper
- ½ tsp. turmeric
- 2 onions, finely grated
- 5 cups water
- 1½ tsp. salt
- ½ tsp. turmeric
- 2 medium tomatoes, quartered
- 3 Tbs. lemon juice or 2 dried limes

DIRECTIONS FOR COOKING

1. Mix together thoroughly meat, chick-pea flour, salt, pepper, turmeric and onions. Set aside.

2. Bring water to a boil. Add remaining ingredients.

3. Make walnut-size meatballs out of the meat mixture and drop into boiling soup.

4. Reduce heat; let simmer for 20 - 30 minutes.

Serve with bread and *sabzi khordan* (see p. 156) or green onions.

Sargonjeshki
(meatball soup)

5 to 6 servings

- 3 cups water
- 1½ tsp. salt
- ½ tsp. pepper
- 1 tsp. turmeric
- 1 medium onion, quartered
- 1 lb. ground beef or lamb
- 2 medium potatoes, peeled and sliced
- 2 tomatoes, quartered
- 2 Tbs. tomato paste
- 2 Tbs. lemon juice or 1 dried lime

DIRECTIONS FOR COOKING

1. Bring water to a boil and add spices and onion.

2. Make balls the size of hazel nuts out of the meat and drop into the boiling water. Reduce heat to medium.

3. Add potatoes and tomatoes and simmer for 15 minutes more.

4. Stir in tomato paste and lemon juice or dried lime and let simmer for another 15 minutes.

قیمه ریزه

برای ۲ تا ۳ نفر

موادلازم:

۱ پوند گوشت چرخ کرده
یک ونیم فنجان آرد نخودچی
۱ قاشق چایخوری نمک
نصف قاشق چایخوری فلفل
نصف قاشق چایخوری زردچوبه
۲ پیاز رنده شده
۵ فنجان آب
یک ونیم قاشق چایخوری نمک
نصف قاشق چایخوری زردچوبه
۲ گوجه فرنگی قاچ شده
۳ قاشق غذاخوری آب لیمو یا ۲ عدد لیموعمانی

طرزتهیه:

۱ ــ گوشت، آرد نخودچی، ادویه ها وپیاز رادر ظرفی خوب مخلوط کنید.
۲ ــ درقابلمه ای آب را بجوش بیاورید وموادديگررا به آن اضافه کنید.
۳ ــ گلوله هائی از گوشت به اندازه گردو درست کنید ودرسوپ بریزید.
۴ ــ حرارت زیر قابلمه را کم کنید وبرای مدت ۳۰ تا ۴۰ دقیقه به آرامی بپزید.

سرگنجشکی

برای ۲ تا ۳ نفر

موادلازم:

۳ فنجان آب
یک ونیم قاشق چایخوری نمک
نصف قاشق چایخوری فلفل
۱ قاشق چایخوری زردچوبه
۱ پیاز متوسط قاچ شده
۱ پوند گوشت چرخ کرده
۲ سیب زمینی متوسط پوست کنده و ورقه ورقه شده
۲ گوجه فرنگی قاچ شده
۲ قاشق غذاخوری رب گوجه فرنگی
۲ قاشق غذاخوری آب لیمو یا یک عدد لیموعمانی

طرزتهیه:

۱ ــ آب را بجوش بیاورید وپیاز وادویه هارا به آن اضافه کنید.
۲ ــ ازگوشت گلوله هائی باندازه فندق بزرگ درست کنید وآنرا به سوپ اضافه کنید. حرارت راکم کنید.
۳ ــ سیب زمینی وگوجه فرنگی رابه سوپ اضافه کنید و۱۵ دقیقه دیگر بپزید.
۴ ــ رب گوجه فرنگی رابا آب لیمویالیموعمانی به سوپ اضافه کنید وبگذارید برای ۱۵ تا ۲۰ دقیقه دیگربه آرامی بپزد.

Kufteh Naneh

("Nanny's" meatballs)

10 to 12 servings

6 slices white bread
1/4 cup milk
2 lbs. lean ground lamb or veal
3 eggs
2 medium onions, grated
2 tsp. turmeric
2 tsp. salt
1 clove garlic, crushed, or 1/2 tsp. garlic powder (optional)
1 cup white flour
1 cup vegetable oil, butter, or margarine
4 onions, minced
1 Tbs. lemon juice or 1 dried lime
3 cups water
1/4 tsp. saffron
2 tsp. salt
1/2 tsp. black pepper
6 to 8 small whole potatoes
3 cups water
1 1/2 cups cream
1/4 cup chopped parsley

DIRECTIONS FOR COOKING

1. Soak bread in milk for 1 hour, then mash well.

2. Mix mashed bread, meat, eggs, onions, and seasonings and divide into 12 parts, then roll into meatballs.

3. Roll meatballs in flour and brown on all sides in oil; set aside. Set aside the oil for browning the onions.

4. Sauté onions in the oil left from browning the meatballs.

5. Bring to a boil in a large pot the onions, tomato paste, lemon juice or dried lime, water, and seasonings.

6. Reduce heat to medium-low and add meatballs to the soup; simmer for 30 - 40 minutes, turning meatballs occasionally to prevent sticking.

7. Boil the whole potatoes in a separate pot in water for 30 - 40 minutes (can also be cooked in a pressure cooker with about 1 cup of water for about 8 minutes) or until tender. Remove from water and peel.

8. Remove meatballs from sauce and arrange on a serving platter; place potatoes around them.

9. Pour the sauce over the meatballs and potatoes, top with cream, and garnish with chopped parsley.

کوفته ننه

برای ۶ نفر

موادلازم:

۶ تکه نان سفید یایک نان تافتون
یک چهارم فنجان شیر
۲ پوند گوشت گوسفند یاگوساله چرخ کرده
۳ عدد تخم مرغ
۲ پیاز متوسط رنده شده
۲ قاشق چایخوری زردچوبه
۲ قاشق چایخوری نمک
نصف قاشق چایخوری پودر سیر یایک پره سیر نازک له شده(درصورت تمایل)
یک فنجان آرد سفید
یک فنجان روغن مایع
۴ عدد پیاز خرد شده
۱ قاشق غذاخوری رب گوجه فرنگی
۳ قاشق غذاخوری آب لیمو یایک عدد لیموعمانی
یک چهارم قاشق چایخوری زعفران
نصف قاشق چایخوری فلفل
۳ فنجان آب
۶تا۸ عدد سیب زمینی کوچک
۳ فنجان آب
یک ونیم فنجان خامه
یک چهارم فنجان جعفری خرد شده

طرزتهیه:

۱ ــ نان رادرشیر برای چند ساعت قبل از طبخ بخیسانید.

۲ ــ پس ازله کردن نان آن را با گوشت و ادویه ها خوب مخلوط نموده و به ۱۲ قسمت تقسیم نموده هرقسمت رابه صورت کوفته درآورید.

۳ ــ کوفته هاراتوی آرد غلت بدهید ودر روغن سرخ کنید.

۴ ــ پیاز را سرخ کنید.

۵ ــ رب گوجه فرنگی، آب لیمو(یالیموعمانی)، ادویه ها وآب رادرقابلمه بزرگی جوش بیآورید.

۶ ــ حرارت زیرقابلمه راکم کنید وکوفته هارا توی آن ریخته باملایمت برای مدت ۳۰تا ۴۰ دقیقه بپزید. گاهگاهی کوفته هارا زیررو کنید تابه قابلمه نچسبند.

۷ ــ سیب زمینی هارا درقابلمه دیگری بپزید وپوست آنهارا بکنید.

۸ ــ کوفته هارا پس ازپختن روی دیس بچینید وسیب زمینی‌ها را درسته بین آنها قرار بدهید.

۹ ــ سس غلیظ باقیمانده درقابلمه راروی کوفته ها وسیب زمینی ها بریزید وخامه راهم بطوریکنواخت بروی آن بدهید. روی آنرا با جعفری خرد کرده تزئین کنید.

یادداشت: کوفته ننه ازغذاهای مخصوص آشتیان است.

Kufteh-ye Shevid-o Bāqālā

(dill weed and lima or fava bean meatballs)

4 to 6 servings

3/4 cup rice
1 lb. fresh or 1 package frozen lima or fava beans
1 lb. ground beef
1 medium onion, grated
6 to 8 Tbs. dried dill weed
2 eggs slightly beaten
1 tsp. salt
1/4 tsp. pepper
1/2 tsp. turmeric

DIRECTIONS FOR COOKING

1. Soak the rice in slightly salted water for 20 minutes. Drain. Set aside ¼ cup of the rice for sauce.

2. Cook the beans in boiling salted water until tender, about 10 minutes, or cook frozen beans according to package instructions. Drain and set aside.

3. Put the meat in a large bowl. Add the rice, beans, dill weed, eggs, and seasoning. Mix well. Divide this mixture to form meatballs the size of large apples.

4. Mix together a sauce of the following ingredients:

1/4 cup rice
1 Tbs. dill weed
1/4 tsp. turmeric
1/2 tsp. salt
1 Tbs. lemon juice
2 cups water

5. Pour the sauce in a baking dish. Place meatballs in the sauce. Bake, covered, at 350° for 1 hour, turning the meatballs occasionally. (Meatballs may also be cooked in a covered pot on top of the stove for 1 hour over low heat.)

کوفته شو یدو باقلا

برای۲تا۳نفر

موادلازم:

سه چهارم فنجان برنج
۱ پوند باقلای تازه یایک بسته یاقلای یخ زده
۱ پوند گوشت چرخ کرده
۱ پیاز متوسط رنده شده
۶تا۸ قاشق غذاخوری شو ید خشک یانصف فنجان شو ید تازه خردشده
۲ تخم مرغ
۱ قاشق چایخوری نمک
یک چهارم قاشق چایخوری فلفل
نصف قاشق چایخوری زردچو به

طرزتهیه:

۱ ــ برنج رادرآب کم نمکی برای مدت ۲۰ دقیقه خیس کنید. آب آنرا خالی کنید و یک چهارم فنجان ازآنرابرای آش کوفته کنار بگذار ید.

۲ ــ باقلا رادرآب کم نمک برای ۱۰ دقیقه بپز ید. اگراز باقلای یخ زده استفاده میکنید دستورروی پاکت را رعایت کنید. آب آنرا خالی کرده کناربگذار ید.

۳ ــ درظرف بزرگی؛ برنج، باقلا، شو ید، تخم مرغ و ادو یه هارا خوب مخلوط کنید. این این مخلوط کوفته هائی باندازه پرتقال درست کنید.

۴ ــ در ظرفی همه موادز یر رامخلوط کنید:

یک چهارم فنجان برنج
۱ قاشق غذاخوری شو ید
یک چهارم قاشق چایخوری زردچو به
نصف قاشق چایخوری نمک
یک قاشق غذاخوری آب لیمو
۲ فنجان آب

۵ ــ مواد شماره ٤ رادرقابلمه ای یا طرفی نسوز بر یز ید. کوفته ها را دراین مخلوط بچینید وبرای مدت یکساعت درحرارت ۳۵۰ درجه فارنهایت درفر بپز ید. درصورتیکه روی اجاق می پز ید درقابلمه را بگذار ید وباحرارت کم برای مدت یکساعت بپز ید.

Kufteh Tabrizi
(Tabriz-style meatballs)

6 servings

½ cup rice
1 cup yellow split peas
1 lb. ground beef or lamb
1 medium onion, grated
1 egg, slightly beaten
2 tsp. dried mint
1 tsp. cinnamon
1 tsp. salt
¼ tsp. pepper
6 unpitted prunes
2 hard-boiled eggs, peeled
¼ cup raisins
¼ cup walnuts
1 cup water

DIRECTIONS FOR COOKING

1. Cover rice with warm, slightly salted water and soak for 20 minutes.

2. Cook yellow split peas in boiling, slightly salted water for 20 - 30 minutes. Drain and set aside.

3. Put meat in a large bowl. Drain rice and add to meat along with onion, egg, mint, and spices. Mix well and divide into two equal portions.*

4. Form two large meatballs, placing 3 prunes, 1 hard-boiled egg, half the raisins and half the walnuts in the center of each.

5. Place meatballs in a large, covered, oven-proof pot; add water; bake in a moderate, 350°, oven for 1 hour.

* Alternatively, meatballs can be made smaller, individual servings the size of a large apple, for instance, in which case, cut the hard-boiled eggs in thirds, and place a piece of the egg, one prune, a portion of raisins and walnuts in the center of each meatball.

کوفته تبر یزی

برای ۳نفر

موادلازم:

نصف فنجان برنج
۱ فنجان لپه
۱ پوند گوشت چرخ کرده
۱پیازمتوسط رنده شده
۱ تخم مرغ
۲ قاشق چایخوری نعناع خشک
۱ قاشق چایخوری دارچین
۱ قاشق چایخوری نمک
یک چهارم قاشق چایخوری فلفل
٦ عدد آلوی خشک
۲ تخم مرغ آب پزپوست کنده
یک چهارم فنجان کشمش
یک چهارم فنجان مغزگردو
نصف فنجان آب

طرز تهیه:

۱ ــ برنج رادرآب گرم کم نمک برای مدت ۲۰ دقیقه خیس کنید.

۲ ــ لپه رادرآب کم نمک برای مدت ۲۰ تا ۳۰ دقیقه بپز ید. آب آنراخالی کنید وکناربگذار ید.

۳ ــ درظرفی گوشت، برنج(آب آنرا خالی کنید)، پیازز تخم مرغ، نعناع وادو یه هارا مخلوط کنید. این مخلوط رابدوقسمت مساوی تقسیم کنید.*

٤ ــ دو کوفته بصورت ز یر تهیه کنید: درمیان هرکوفته ۳ آلوی خشک، یک تخم مرغ آب پز، نیمی ازکشمش ونیمی از مغز گردو راقرار دهید. آب رادر ظرف نسوز بزرگی بر یز ید وکوفته هارا درآن قرار دهید. برای مدت یکساعت درحرارت ۳۵۰ درجه فارنهایت درفر بپز ید. درصورتیکه نمیخواهید ازظرف نسوز استفاده کنید، یک فنجان آب اضافه درقابلمه بر یز ید وکوفته را درحرارت ملایم بمدت یکساعت روی اجاق بپز ید.

* اگر مایلید میتوانید مخلوط را به شش قسمت تقسیم کنید وکوفته های کوچکتری درست کنید. دراینصورت تخم مرغ هارا نیزبه قطعات کوچکتر تقسیم کنید.

کوفته تبر یزی ازغذاهائی است که با سلیقه آشپزهای مختلف وانتخاب مواد مختلف تغییرمیکند. دستور فوق را میتوان بعنوان یک نمونه کوفته تبر یزی تلقی کرد.

JC

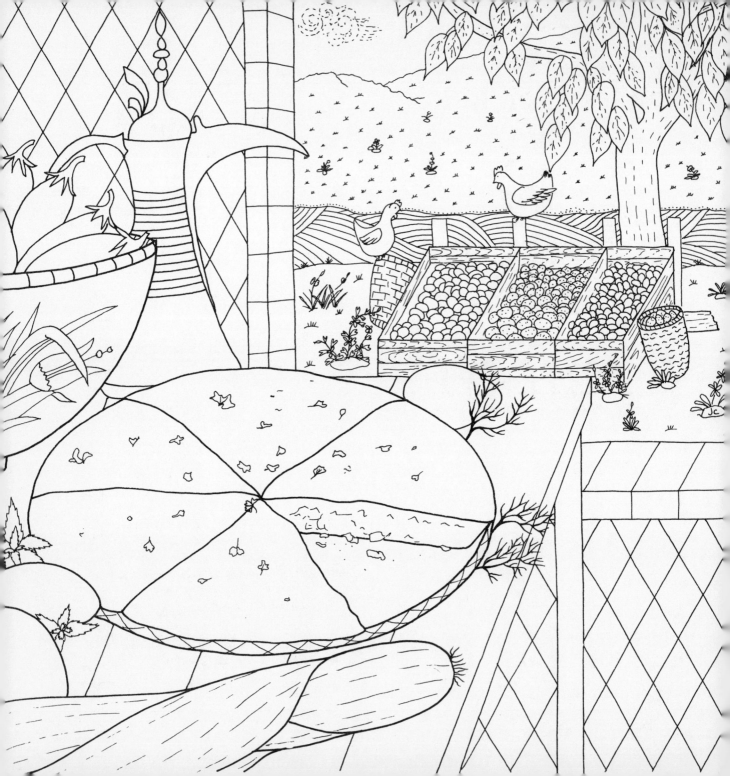

omlets and kukus

The vital ingredient in both *omlets* and *kukus* is eggs. However, in *omlets,* they are the main feature, whereas in *kukus* they play second fiddle to vegetables. An *omlet* is similar to an omelette and is usually a main dish, which can be eaten as a breakfast or late supper meal. On the other hand, a *kuku,* similar to though quite unlike a vegetable omelette, is most often served as a side dish, for example, to a *khoresh* served with *chelo*.

Khāgineh
(sweet omelette)

6 to 8 servings

6 eggs
1½ tsp. flour
¼ tsp. salt
3 Tbs. butter
3 Tbs. sugar
¼ cup hot water
½ tsp. cinnamon (optional)

DIRECTIONS FOR COOKING

1. Beat together eggs, flour, and salt.

2. Melt butter in a skillet and pour in egg mixture. Cover and cook over medium-low heat for 3 - 5 minutes, or until mixture is set.

3. Meanwhile, dissolve sugar in hot water to make a thin syrup. Set aside.

4. When omelette is browned on bottom, cut into 6 - 8 wedges in skillet and turn over.

5. Pour sugar syrup evenly over the eggs and cook for 5 minutes more, or until bottom is lightly browned, over medium-low heat.

6. Sprinkle with cinnamon, if desired.

Serve with bread.

NOTE: This dish is sometimes made without sugar, in which case it cannot be called a "sweet" omelette.

Omlet-e Khormā
(date omelette)

6 servings

3 Tbs. butter or margarine
¼ lb. pitted dates
6 eggs
½ tsp. salt

DIRECTIONS FOR COOKING

1. Melt butter in a skillet; turn heat to low and add dates; sauté lightly for 5 minutes. Spread dates evenly over bottom of skillet.

2. Beat eggs together with salt and pour over dates. Cover and cook 3 - 5 minutes or until eggs are set.

NOTE: Generally a breakfast or brunch dish, served with bread.

خاگینه

برای ۳ نفر

موادلازم:

۶ تخم مرغ
یک ونیم قاشق چایخوری آرد
یک چهارم قاشق چایخوری نمک
۳ قاشق غذاخوری کره
۳ قاشق غذاخوری شکر(درصورت تمایل)
یک چهارم فنجان آب داغ
نصف قاشق چایخوری دارچین(درصورت تمایل)

طرزتهیه:

۱ ــ تخم مرغ، آرد ونمک را درظرفی خوب بزنید.
۲ ــ کره راآب کنید ومخلوط را به آن اضافه کنید. روی آنرا بپوشانید.
۳ ــ شکر رادرآب داغ حل کنید وکناربگذارید.
۴ ــ وقتی که یکطرف املت سرخ شد آنرا به شش تا هشت قسمت تقسیم وبرگردانید تاطرف دیگر سرخ شود.
۵ ــ محلول شکررا به املت اضافه کنید و۵ دقیقه دیگر بپزید تامحلول غلیظ شده واطراف هرقطعه املت راکاملا بپوشاند.
۶ ــ دارچین راروی آن بپاشید.
یادداشت: بعضی آشپزها خاگینه را بدون شکر بعنوان املت ساده درست میکنند.

املت خرما

برای ۳ نفر

موادلازم:

۳ قاشق غذاخوری کره
یک چهارم پوند خرمای بدون هسته
۶ تخم مرغ
نصف قاشق چایخوری نمک

طرزتهیه:

۱ ــ کره رادرماهیتابه آب کنید. حرارت زیرماهیتابه راکم کنید وخرمارا برای مدت پنج دقیقه درآن سرخ کنید. تکه های خرمارا کف ماهیتابه پخش کنید تاتمام آن پخته شود.
۲ ــ درکاسه ای تخم مرغ ونمک راخوب بزنید و به خرمای سرخ شده اضافه کنید. درب ماهیتابه را بپوشانید و برای ۳ تا ۵ دقیقه آنرادرحرارت ملایم بپزید.

Kuku Sibzamini
(potato patties)

4 to 6 servings

4 medium potatoes, cooked and mashed
1 medium onion, grated
3 eggs
½ tsp. salt
¼ tsp. pepper
½ tsp. curry powder, turmeric or
    1/8 tsp. saffron (dissolved in 2 Tbs.
    water)
¼ to 3/8 cup butter or oil

DIRECTIONS FOR COOKING

1. Combine mashed potatoes with onion, eggs, and seasonings.
2. Shape into small patties, 2½" · 3" in diameter.
3. Brown on both sides in butter or oil.

Serve with flat bread, fresh greens (such as mint, basil, tarragon, or green onions; see *sabzi khordan*, p. 156).

NOTE: As with *kotlets*, bite-size pieces of the patties are wrapped along with fresh greens in pieces of flat bread and dipped in yogurt.

Kuku Bādemjān I
(eggplant *kuku*)

4 to 6 servings

2 medium eggplants
¼ cup butter or margarine
1 medium onion, grated
1 tsp. salt
¼ tsp. pepper
1 tsp. curry powder
¼ tsp. garlic (optional)
3 Tbs. lemon juice
6 eggs, slightly beaten
¼ cup butter or margarine

DIRECTIONS FOR COOKING

1. Peel eggplants; cut lengthwise in thin slices and sprinkle lightly with salt.
2. Brown in heavy skillet on both sides.
3. Let cool; then, put eggplants in bowl and mash well.
4. Add remaining ingredients, except butter, and beat well.
5. Melt butter in skillet. Pour mixture into skillet and cover. Cook over medium heat a few minutes then turn down to low and cook until set and brown on bottom (about 15 minutes).
6. Turn over like a pancake and brown the other side.

Can also be baked in buttered pyrex dish in 350° oven for 45 minutes, or until browned on bottom and top.

کوکوی سیب زمینی

برای ۲ تا ۳ نفر

موادلازم:

٤ سیب زمینی پخته شده وله شده
۱ پیاز متوسط رنده شده
۳ تخم مرغ
نصف قاشق چایخوری نمک
یک چهارم قاشق چایخوری فلفل
نصف قاشق چایخوری ادو یه کاری، زردچوبه یا یک هشتم قاشق چایخوری زعفران محلول در۲ قاشق غذاخوری آب گرم
سه هشتم تایک چهارم فنجان کره یا روغن نباتی

طرزتهیه:

۱ ــ تمام مواد رابجز کره درظرف بزرگی مخلوط کنید.

۲ ــ کره رادرظرفی آب کنید و باقاشق بزرگی به اندازه دو یا سه قاشق غذاخوری ازمخلوط را به کره داغ اضافه کنید وباپشت قاشق پهن کنید یابصورت دایره ای درآید.

۳ ــ پس از سرخ شدن یک طرف، کوکورابرگردانید تاطرف دیگر آن نیزسرخ شود. این عمل را آنقدر ادامه دهید تامخلوط تمام شود.

کوکو بادمجان

برای ۲ نفر

موادلازم:

۲ بادمجان متوسط
یک چهارم فنجان کره یا روغن نباتی
۱ پیاز متوسط رنده شده
یک قاشق چایخوری نمک
یک چهارم قاشق چایخوری فلفل
یک قاشق چایخوری ادو یه کاری
یک چهارم قاشق چایخوری پودر سیر(درصورت تمایل)
۳ قاشق غذاخوری آب لیمو
٦ تخم مرغ
یک چهارم فنجان کره یا روغن نباتی

طرزتهیه:

۱ ــ بادمجانهارا پوست کنده وازدرازا به قطعات نازک تقسیم کنید وروی هرقطعه کمی نمک بپاشید.

۲ ــ هردو طرف قطعات بادمجان را کمی درماهیتابه سرخ کنید.

۳ ــ اجازه بدهید بادمجانها سرد شوند وسپس درظرفی آنهارا له کنید.

٤ ــ تمام مواد باقیمانده رابغیر از کره با بادمجان له شده خوب مخلوط کنید.

۵ ــ کره رادرماهیتابه ای آب کنید ومخلوط رابه آن اضافه نمائید ودرب آنرا بپوشانید. روی حرارت متوسط برای چند دقیقه و بعد با حرارت کم برای۱۵ دقیقه یاتاوقتی که کوکوسفت شود وزیرآن سرخ شده باشد بپزید.

٦ ــ کوکورا برگردانید تاطرف دیگرآن سرخ شود.

یادداشت: کوکوبادمجان رامیتوان درظرف نسوز کره زده ای برای مدت ٤۵ دقیقه باحرارت ۳۵۰ درجه یاتا موقعی که هردوطرف سرخ شود درفر پخت.

Kuku Bādemjān II
(eggplant *kuku* with meat)

6 to 8 servings

5 medium eggplants
1 cup vegetable oil
3 medium potatoes
1 lb. lean ground beef
2 medium onions, chopped
2 Tbs. vegetable oil
1½ tsp. salt
½ tsp. pepper

1½ tsp. cinnamon
½ Tbs. powdered dried rose petals
   (if available)
5 eggs, beaten
½ tsp. baking soda
2 Tbs. chopped fresh parsley

DIRECTIONS FOR COOKING

1. Peel and cut eggplants into ½" cubes; brown in oil; remove from skillet and set aside in a large mixing bowl.

2. Peel and cut potatoes in ½" cubes; brown in oil remaining from browning eggplants and add to eggplants.

3. Brown meat in its own fat and add to the eggplant mixture.

4. Sauté onions in oil and add to mixture.

5. Add seasonings, flour, eggs, and baking soda to eggplant mixture and mix well.

6. Place in a baking dish and bake in a preheated moderate, 350°, oven for 40 minutes.

7. Cut the *kuku* in wedges and garnish with chopped parsley.

NOTE: Variations of this dish may be made by substituting green beans or zucchini for the eggplants.

کوکو بادمجان
(با گوشت)

برای ٤ تا ٥ نفر

مواد لازم:

٥ عدد بادمجان متوسط
١ فنجان روغن مایع یا کره
٣ عدد سیب زمینی متوسط
١ پوند گوشت چرخ کرده کم چربی
٢ پیاز متوسط خرد شده
٢ قاشق غذاخوری روغن مایع

یک ونیم قاشق چایخوری نمک
نصف قاشق چایخوری فلفل
٢ قاشق چایخوری ادو یه پلو(مخلوط دارچین و گل سرخ)
٥ عدد تخم مرغ زده شده
نصف قاشق چایخوری جوش شیر ین

طرز تهیه:

١ ــ بادمجان را پوست کنده و به قطعات یک ونیم سانتیمتری خرد کنید ودرروغن سرخ کنید.

٢ ــ سیب زمینی را پوست کرده وبقطعات یک ونیم سانتیمتری خرد کنید وسرخ کنید. بادمجان وسیب زمینی سرخ شده راباهم مخلوط کنید.

٣ ــ گوشت را درچربی خودش سرخ کنید و به مخلوط فوق اضافه کنید.

٤ ــ پیاز داغ درست کرده و به مخلوط فوق اضافه کنید.

٥ ــ ادو یه ها، تخم مرغ و جوش شیر ین را به مواد فوق اضافه کرده و خوب بهم بزنید.

٦ ــ مخلوط رادر ظرف بزرگ نسوز(مخصوص فر) بر یز ید وروی‌ش را صاف کنید وبمدت ٤٠ دقیقه درحرارت ٣٥٠ درجه فارنهایت بپز ید.

٧ ــ کوکو رابه قطعات دلخواه تقسیم نموده و روی آنرا باجعفری خرد کرده تزئین کنید.

یادداشت: کوکوهای مشابهی رامیتوان بابکاربردن لوبیا سبز یا کدو بجای بادمجان درست کرد.

Kuku Qandi
(sweetened potato "omelette")

6 servings

> *4 medium potatoes*
> *3 eggs*
> *2½ Tbs. powdered sugar*
> *1/8 tsp. saffron or ½ tsp.. cardamom*
> *3 Tbs. butter or margarine*

DIRECTIONS FOR COOKING

1. Wash and cook potatoes until soft (boil in water or cook in pressure cooker).

2. Peel and mash potatoes; let cool.

3. Add eggs, sugar, and saffron (dissolved in 2 Tbs. warm water) or cardamom and mix well.

4. Melt 2 Tbs. of the butter or margarine in a hot skillet; pour in egg and potato mixture and shake skillet to make sure surface is even. Cover and cook over medium-low heat for 10 minutes.

5. Remove cover and cook an additional 5 minutes.

6. If using a non-stick frying pan, place a large platter over the top and turn the pan and platter over so that the "omelette" is on the platter. Then, melt the remaining 1 Tbs. butter in the skillet and slide the "omelette" back into the skillet with the browned side up. Brown, uncovered, on the other side for 10 minutes.

If using a metal or porcelain skillet, slice into wedges in the skillet and turn over each piece to brown, for 10 minutes, the underside, distributing the remaining 1 Tbs. of butter under each piece. Turn out on platter, first browned side up.

Can also be baked in a shallow, buttered casserole dish in a moderate, 350°, oven for 15 - 20 minutes or until well set.

کوکو قندی

برای۳نفر

موادلازم:

٤ سیب زمینی متوسط
۳ تخم مرغ
دو ونیم قاشق غذاخوری خاکه قند یا پودرشکر
یک هشتم قاشق چایخوری زعفران یا نصف قاشق چایخوری هل
۳ قاشق غذاخوری کره

طرزتهیه:

۱ ــ سیب زمینی هارا خوب بشوئید و آب پز کنید.
۲ ــ پوست سیب زمینی هارا بگیرید ودرظرف بزرگی آنراخوب له کنید واجازه دهید خنک شود.
۳ ــ تخم مرغ، شکر وزعفران(که در۲قاشق غذاخوری آب گرم حل شده است) یاهل را به آن اضافه کنید وخوب مخلوط نمائید.
٤ ــ ۲ قاشق غذاخوری از کره را درماهیتابه داغ کنید ومخلوط رادرماهیتابه خالی کنید. دقت کنید که مخلوط بطورمساوی درهمه جای ماهیتابه پخش شود. درماهیتابه راپپوشانید و باحرارت متوسط یاکم برای مدت ده دقیقه آنرا سرخ کنید.
۵ ــ درماهیتابه رابردارید واجازه بدهید ۵ دقیقه دیگر کوکو سرخ شود.
٦ ــ اگرازماهیتابه نچسب استفاده میکنید کوکورا برروی بشقاب برگردانید. بقیه کره رادرماهیتابه بریزید وطرف دیگرکوکوراسرخ کنید. درصورتیکه ازماهیتابه فلزی استفاده میکنید کوکورا به شش قطعه تقسیم کنید وباکفگیر کوچکی آنهارا برگردانید تاطرف دیگرنیز سرخ شود.

یادداشت: کوکوقندی رامیتوان درظرف نسوز کم عمقی که اطراف آنرا کره زده اید درحرارت۳۵۰ درجه فربمدت ۱۵تا۲۰ دقیقه پخت. درپختن کوکوقندی باید مرتب به آن سرکشی کنید چون شکرباعث سوختن کوکومیشود.

Kuku Sabzi
(green vegetable and herb *kuku*)

4 to 6 servings

1½ cups finely chopped parsley
½ cup finely chopped leeks or scallions
¼ cup finely chopped lettuce
1 Tbs. dried dill weed
    (or ¼ cup fresh, chopped)
1 to 2 Tbs. dried mint
    (or ¼ cup fresh, chopped)
¼ tsp. turmeric
1 tsp. salt
¼ tsp. pepper
¼ tsp. saffron (optional)
6 eggs, slightly beaten
¼ cup oil or butter

DIRECTIONS FOR COOKING

1. Combine all ingredients except oil in mixing bowl (or put in electric blender, eggs first) and mix well.

2. Melt butter in skillet and pour mixture in.

3. Cover, cook over medium heat until mixture is set and brown on bottom, 10 - 15 minutes.*

4. Turn over gently like a pancake and brown the other side.

Kuku can also be baked in an oiled pyrex dish in a 350° oven for 45 - 60 minutes, or until brown on the bottom and crispy on the top.

* After mixture is set, cover can be removed to facilitate browning.

Mirzā Qāsemi
(eggplant "soufflé")

3 to 4 servings

1 medium eggplant
3 Tbs. butter, margarine, or vegetable oil
1 large onion, chopped
2 to 3 cloves garlic, minced
½ tsp. turmeric
1 large tomato, peeled and chopped
2 eggs, slightly beaten
½ tsp. salt
¼ tsp. pepper

DIRECTIONS FOR COOKING

1. Roast whole eggplant over charcoal or bake in hot, 400°, oven until tender (about 15 -20 minutes in the oven).

2. Allow eggplant to cool, then peel and chop rather fine.

3. Melt butter in or add oil to skillet; saute onion and garlic; stir in turmeric.

4. Add eggplant and sauté for a few more minutes.

5. Add tomato and cook 5 minutes more.

6. Stir seasoning and eggs into the eggplant mixture and continue cooking for a few minutes more, until eggs are cooked.

Serve with bread and yogurt or relish (see *torshi* recipes, pages 150, 152 and 154).

کوکوی سبزی

برای ۲ تا ۳ نفر

موادلازم:

یک ونیم فنجان جعفری خردشده
نصف فنجان تره یاپیازچه خردشده
یک چهارم فنجان کاهوی خردشده
۱ قاشق غذاخوری شوید خشک یایک چهارم فنجان شوید تازه خردشده
۱ تا ۲ قاشق غذاخوری نعناع خشک یایک چهارم فنجان نعناع تازه خرد شده
یک چهارم قاشق چایخوری زردچوبه
۱ قاشق چایخوری نمک
یک چهارم قاشق چایخوری فلفل
یک چهارم قاشق چایخوری زعفران (درصورت تمایل)
۶ عدد تخم مرغ
یک چهارم فنجان روغن نباتی یاکره

طرزتهیه:

۱ ــ تمام موادرا بجز روغن یاکره درظرف بزرگی یادرمخلوط کن برقی خوب مخلوط کنید.

۲ ــ کره یاروغن رادرماهیتابه ای که درداشته باشد آب کنید ومخلوط کوکورا روی آن بریزید.

۳ ــ درماهیتابه رابگذارید وروی حرارت متوسط برای ۱۰ تا ۱۵ دقیقه یاتا وقتیکه مخلوط سفت شود بپزید.

۴ ــ باکفگیر کنار کوکورابلند کنید ووقتی دیدید که پشت آن سرخ شده است کوکورا برگردانید تاروی آن نیزسرخ شود.(اگر ازظرف نچسب استفاده میکنید میتوانید بشقابی روی ماهیتابه قرارداده وباوارونه کردن آن کوکوئی راکه یک طرفش سرخ شده به بشقاب انتقال دهید. باز آنرا به ماهیتابه انتقال دهید تاطرف دیگرنیز سرخ شود. اگراز ظرف نچسب استفاده نمی کنید کوکورا قسمت بندی کرده وسپس برگردانید.

یادداشت: کوکورامیتوانید درظرف کره زده نسوزی درحرارت ۳۵۰ درجه فربرای ۴۵ تا ۶۰ دقیقه یاتا موقعی که هردوطرف آن سرخ شود بپزید.

میرزاقاسمی

برای ۲ نفر

موادلازم:

۱ بادمجان بزرگ
۳ قاشق غذاخوری کره
۱ پیاز خرد کرده
۲ تا ۳ بوته سیرخرد کرده
نصف قاشق چایخوری زردچوبه
۱ گوجه فرنگی بزرگ پوست کنده وخرد کرده
۲ عدد تخم مرغ زده شده
یک چهارم قاشق چایخوری نمک
یک چهارم قاشق چایخوری فلفل

طرزتهیه:

۱ ــ بادمجان را روی ذغال یادرفر کبابی کنید تانرم شود.

۲ ــ اجازه دهید بادمجان خنک شود. بعد پوست آنرا بکنید وساطوری کنید.

۳ ــ پیاز وسیر راباروغن درماهیتابه بزرگی سرخ کنید وزردچوبه رابه آن اضافه کنید.

۴ ــ بادمجان رابه آن اضافه کنید وچند دقیقه دیگرسرخ کنید

۵ ــ گوجه فرنگی رااضافه کنید وبعدازمخلوط کردن اجازه بدهید ۵ دقیقه دیگر بپزد.

۶ ــ تخم مرغ هارابانمک وفلفل به مخلوط اضافه نموده بهم بزنید تاوقتیکه آنها پخته شوند.

salads and accompaniments (preserves, pickles and relishes)

Despite the fact that, in more recent years, tossed salads of various kinds have become common in Iran, especially in the larger cities, salads in the American sense are not among the traditional Iranian foods. However, the "salads and accompaniments" presented here are traditional and can be served with most meals.

Māst-o Esfenāj
(yogurt and spinach)

4 to 5 servings

> 1 lb. fresh spinach
> 2 medium onions, thinly sliced
> 2 Tbs. butter or margarine
> salt
> pepper
> 1 cup yogurt
> 2 hard-boiled eggs, sliced (optional)

DIRECTIONS FOR PREPARATION

1. Cook spinach in salted water; drain well; chop.

2. Fry onions in butter.

3. Add spinach and fry with onions. Sprinkle with salt and pepper.

4. Serve hot or cold with yogurt. (Yogurt may be mixed with the spinach or served as an accompaniment.)

5. Decorate with sliced eggs, if desired.

NOTE: When yogurt and spinach are mixed together, the dish is called *borani-ye esfenaj*. In this case, ½ cup finely chopped parsley may be added.

Māst-o Khiyār
(yogurt and cucumbers)

2 servings

> 1 cup yogurt
> 1 small cucumber, chopped or shredded
> 2 Tbs. walnuts, chopped
> 2 Tbs. raisins
> ½ tsp. salt
> 1/8 tsp. pepper
> a few sprigs of dried mint
> dash of dried celery (optional)
> 1 Tbs. grated onion (optional)

DIRECTIONS FOR PREPARATION

1. Place yogurt in bowl; beat with a spoon until smooth.

2. Add remaining ingredients and fold together.

Serve cold.

NOTE: A favorite with most Iranians, this salad goes well with almost any other dish. It is generally considered a seasonal salad, as cucumbers were not, in the past, available year round; but, since cucumbers are now available here virtually in all seasons, it can be enjoyed all year.

ماست و اسفناج یابورانی اسفناج

برای ۳نفر

موادلازم:

۱ پوند اسفناج تازه
۲ پیاز متوسط خردشده
۲ قاشق غذاخوری کره
نمک
فلفل
۱ فنجان ماست
۲ تخم مرغ آب پز حلقه حلقه شده (درصورت تمایل)

طرزتهیه:

۱ ــ اسفناج رادرآب کم نمک نیم پز کنید. آب آنراخالی کنید و ساطوری کنید.
۲ ــ پیازرادرماهیتابه ای سرخ کنید.
۳ ــ اسفناج را درماهیتابه بر یز ید و باپیازکمی سرخ کنید. باندازه کافی نمک وفلفل روی آن بپاشید.
٤ ــ اسفناج وماست رامیتوان دردو ظرف جداگانه قراداد.یادر یک ظرف مخلوط کرد.
۵ ــ روی بورانی رابا حلقه های تخم مَرغ تزئین کنید.

یادداشت: درصورت تمایل میتوانید نصف فنجان جعفری خرد کرده به بورانی اضافه کنید.

ماست وخیار

برای ۱ نفر

موادلازم:

۱ فنجان ماست
۱ عدد خیار خرد یارنده شده
۲ قاشق غذاخوری گردوی خرد شده
۲ قاشق غذاخوری کشمش
نصف قاشق چایخوری نمک
یک هشتم قاشق چایخوری فلفل
کمی نعناع خشک
کمی کرفس خشک(درصورت تمایل)
۱ قاشق غذاخوری پیاز رنده شده(درصورت تمایل)

طرزتهیه:

۱ ــ ماست رادر ظرف بزرگی باقاشق خوب بزنید.
۲ ــ بقیه مواد رابه آن اضافه کنید ومخلوط کنید ودرجای خنکی تا موقع مصرف نگهداری کنید.

Māst-o Labu
(yogurt and beets)

3 to 4 servings

1 16-oz. can or jar of sliced, cooked beets
2 cups yogurt

DIRECTIONS FOR PREPARATION

1. Drain juice from beets.
2. Put yogurt in a serving bowl and gently fold in beets.

NOTE: This salad is generally considered a winter dish, as beets are most often available then — they are sold hot by street vendors in Iran. This dish is also known as *borani-ye choghondar.*

Māst-o Musir
(yogurt and shallots)

3 to 4 servings

5 shallots
2 cups yogurt
½ tsp. salt
¼ tsp. pepper

DIRECTIONS FOR PREPARATION

1. Peel shallots. Cut off stems and thinly slice.
2. Soak in cool water for a day or two, changing the water several times.
3. Drain. Add seasonings to yogurt and fold in shallots. Refrigerate one day before serving.

ماست ولبو

برای۲تا۳ نفر

موادلازم:

۱ قوطی۱۶ اونسی چغندر قطعه قطعه شده(تقریبا دوفنجان)
۲ فنجان ماست

طرزتهیه:

۱ ــ آب کنسرو چغندر را خالی کنید.
۲ ــ ماست و چغندر رادر ظرفی به آرامی مخلوط کنید. در صورت تمایل کمی نمک روی آن بپاشید.

ماست وموسیر

برای۲تا۳نفر

موادلازم:

۵ عدد موسیر
۲ فنجان ماست
نصف قاشق چایخوری نمک
یک چهارم قاشق چایخوری فلفل

طرزتهیه:

۱ ــ پوست موسیرهارا بکنید. سر وته آنهارا ببرید. آنهارا به قطعات نازک تقسیم کنید.
۲ ــ موسیر رابرای یک یادو روز درآب سرد خیس کنید وهرچند ساعت یکبارآب آنرا عوض کنید.
۳ ــ آب موسیر راخالی کنید. ادویه هارا باماست خوب مخلوط کنید. موسیر را به آن اضافه کرده ومخلوط کنید.

Borāni Bādemjān

(chilled eggplant and yogurt salad)

5 to 6 servings

3 medium eggplants
2 tsp. salt
1/2 cup shortening or oil
2 1/2 cups yogurt
1 clove garlic, crushed (optional)
1/4 tsp. black pepper
1 Tbs. fresh or 1 1/2 tsp. dried dill,
finely chopped parsley, or mint (optional)

DIRECTIONS FOR PREPARATION

1. Peel and slice eggplants lengthwise in 1/2" pieces. Sprinkle with salt and set aside for 20 -30 minutes. Pat dry with a paper towel and wipe off excess salt.

2. Brown eggplants on both sides in oil in skillet, adding small amounts of the shortening or oil gradually to prevent the eggplants from absorbing too much of it. Set aside to cool.

3. In a bowl, mix together yogurt, (garlic,) pepper and optional herbs. Spread 2 - 3 tablespoons of the yogurt mixture on the bottom of a serving dish. Arrange a layer of eggplants on top to completely cover the yogurt. Then, cover eggplants with another layer of yogurt. This layering can be done two or three times, ending in yogurt.

Serve chilled with flat bread.

Variation: This dish may also be served hot with flat bread.

NOTE: Although *borani-ye bademjan* is called a "salad," it makes an excellent light meal or appetizer. It can be scooped up with the flat bread or spooned onto bite-size pieces of bread.

Salad

(cucumber and tomato salad)

5 to 6 servings

3 large tomatoes, chopped
3 medium cucumbers, chopped
1 medium red onion, chopped
1 tsp. salt
1/2 tsp. freshly ground pepper
3/4 cup wine vinegar or lemon juice

DIRECTIONS FOR PREPARATION

1. Mix together all ingredients in a glass or ceramic bowl; refrigerate for several hours before serving.

NOTE: This salad is a good accompaniment to most Persian dishes; in fact, to many Iranians the term "salad" refers to this dish alone.

بورانی بادمجان

برای ۲ تا ۳ نفر

موادلازم:

۳ بادمجان متوسط
۲ قاشق چایخوری نمک
نصف فنجان روغن نباتی
دو ونیم فنجان ماست
یک پره سیر له شده(درصورت تمایل)
یک چهارم قاشق چایخوری فلفل
۱ قاشق غذاخوری شوید تازه خرد شده یا یک ونیم قاشق چایخوری شوید خشک (میتوان از جعفری و یا نعناع بجای شوید استفاده کرد)

طرزتهیه:

۱ ــ بادمجانها راپوست بکنید واز درازا بضخامت یک ونیم سانتیمتر ببرید. روی هر قطعه بادمجان نمک بپاشید و بمدت ۲۰ دقیقه کنار بگذارید. نمک روی بادمجانها راپاک کنید.

۲ ــ بادمجانهارا سرخ کنید و بگذارید تا سرد شود.

۳ ــ درظرفی مخلوطی ازماست وادویه ها تهیه کنید. دو یا سه قاشق ازاین مخلوط رادردیسی پهن کنید و بادمجانهای سرخ شده راروی آن طوری بچینید که ماست را بپوشاند. دوباره یک لایه ازماست روی بادمجانها اضافه کنید. این کاررا آنقدر ادامه دهید تاماست و بادمجان تمام شود.

سالاد

برای ۲ تا ۳ نفر

موادلازم:

۳ عدد گوجه فرنگی خرد شده
۳ عدد خیار متوسط خرد شده
۱ عدد پیاز قرمز خرد شده
۱ قاشق چایخوری نمک
نصف قاشق چایخوری فلفل
سه چهارم فنجان سرکه انگور یا آب لیمو
۱ قاشق غذاخوری روغن زیتون

طرزتهیه:

۱ ــ تمام مواد را درظرف بزرگ شیشه ای یا کاسه چینی مخلوط کنید.

۲ ــ سالاد را ازشب قبل یاچند ساعت قبل ازصرف غذا در یخچال بگذارید.

Torshi Bādemjān
(whole pickled eggplants)

*2 long, thin eggplants**
5 cups water with 2 tsp. salt
1 tsp. salt
1/2 tsp. pepper
1/2 tsp. turmeric
1 tsp. celery seed
1/2 tsp. marjoram
1/2 tsp. savory
2 to 2 1/2 cups vinegar
1/2 tsp. salt

DIRECTIONS FOR PREPARATION

1. Rinse eggplants in warm water; cut off tops. Make a lengthwise incision at the side of each eggplant, making sure not to cut so deep or long that eggplants separate in half.

2. Bring eggplants to a boil in the salty water in a large pot; boil 10 minutes; remove from pot and drain in a colander, placing a heavy pot or some other weight over them and leave them to drain for an hour, to dispose of all excess water.

3. Sprinkle the insides of the eggplants with seasonings. Place in a large glass jar.

4. Mix together vinegar and salt and pour over eggplants in the jar, making sure they are covered with the vinegar; add more vinegar if needed to cover eggplants. Store in refrigerator or a very cool place for one month.

NOTE: An important ingredient used in pickled eggplant in Iran, *siyah daneh* (nigella seeds), is not readily available in American stores; however, with the increasing number of Iranian specialty grocery stores, this seed may be found. If so, it adds an unusually pleasing flavor: add 1 Tbs.

* Small "baby" eggplants, about two inches long, are ideal for this pickle. Use 6 to 8 eggplants or until all the seasonings mentioned in Step 3 are used up.

Torshi Khiyār
(pickled cucumbers)

10 pickling cucumbers
4 to 5 Tbs. salt
1 tsp. dill seed
1 tsp. coriander seed
4 peppercorns
3 cups vinegar

DIRECTIONS FOR PREPARATION

1. Wash cucumbers in cool water and pat dry with paper towel.

2. Pack tightly in large jar(s).

3. Add remaining ingredients, making sure all cucumbers are covered with vinegar. Seal and store in a cool place for at least one month.

ترشی بادمجان

موادلازم:

۲ بادمجان باریک
۵ فنجان آب با۲ قاشق چایخوری نمک
۱ قاشق چایخوری نمک
نصف قاشق چایخوری فلفل
نصف قاشق چایخوری زردچوبه
یک قاشق چایخوری تخم کرفس
نصف قاشق چایخوری آویشن یامرزنجوش
نصف قاشق چایخوری پونه
۲تا دوونیم فنجان سرکه
کمی نمک
۱ قاشق غذاخوری سیاه دانه

طرز تهیه:

۱ ــ بادمجانهارا درآب گرم بشوئید وسرآنهارا بکنید. بادمجانها رااز درازا بانوک کارد قاچ بزنید. دقت کنید که قاچ آنقدرعمیق نباشد که بادمجانهارا دونیمه کند.

۲ ــ درقابلمه ای باآب کم نمک بادمجانهارا برای مدت ۱۰ دقیقه بجوشانید. بادمجانها را درصافی بزرگی قرار دهید. ظرف یا وزنه سنگینی را روی آن قرار دهید تا آب اضافی آنها گرفته شود. لازم است برای اینکاربادمجانها راحدود یکساعت درصافی نگهدارید.

۳ ــ داخل بادمجانهارا ادویه بپاشید ودرظرف سفالی یاشیشه ای دردارقراردهید.

٤ ــ مخلوطی از سرکه ونمک درست کنید وروی بادمجانها بریزید تاکاملا روی بادمجانها را بپوشاند. درصورت لزوم سرکه اضافه کنید.

یادداشت: ترشی بادمجان پس ازیکماه برای خوردن آماده است. آنرا باید درجای خنگ نگهداری کرد.

ترشی خیار

موادلازم:

۱۰عددخیارریز
۲تا۳ قاشق چایخوری نمک
۱ قاشق چایخوری تخم شوید
۱ قاشق چایخوری تخم گشنیز
٤ فلفل سیاه
۳ فنجان سرکه

طرز تهیه:

۱ ــ خیارهارا درآب سردبشوئید وخشک کنید.

۲ ــ خیارهارا بطورعمودی درظرف شیشه ای یا سفالی بچینید. درصورت لزوم میتوان ازچند ظرف استفاده کرد.

۳ ــ تمام مواد باقیمانده را روی خیارها بریزید بطوریکه روی آنهارا بپوشاند. درهرظرف راخوب ببندید وبرای یکماه درجای خنگی نگهداری کنید.

Torshi Gol Kalam
(pickled cauliflower)

1 medium head of cauliflower
1 tsp. salt
5 peppercorns
a few celery leaves
2 cups vinegar

DIRECTIONS FOR PREPARATION

1. Break cauliflower into flowerettes.
2. Rinse and let dry.
3. Place in a large jar with remaining ingredients. Store in a cool place for 3 - 4 weeks.

Torshi Piyāz
(pickled onions)

10 small whole onions, or 3 large onions,
*   quartered*
1 tsp. salt
4 peppercorns
1 tsp. celery seed
1½ cup vinegar

DIRECTIONS FOR PREPARATION

1. Peel and cut the roots off the onions.
2. Place in a glass jar and add seasonings and vinegar. Seal and store in a cool place for one month.

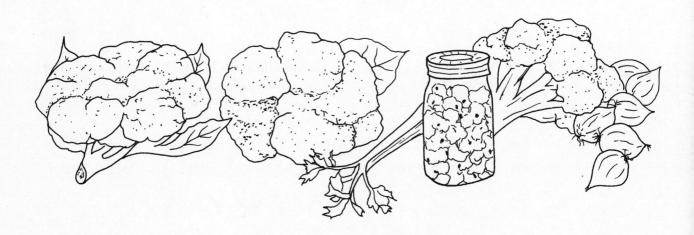

ترشی گل کلم

موادلازم:

۱ گل کلم متوسط
۱ قاشق چایخوری نمک
۵ فلفل سیاه
چند برگ کرفس
۲ فنجان سرکه

طرزتهیه:

۱ ــ گل کلم را به قطعات کوچک تقسیم کنید.
۲ ــ قطعات کوچک گل کلم را درآب سرد بشوئید وخشک کنید.
۳ ــ گل کلم را درظرف شیشه ای قراردهید ومخلوطی ازتمام مواد باقیمانده روی آن بریزید وبرای۳تا۴ هفته درجای خنکی نگهداری کنید.

ترشی پیاز

موادلازم:

۱۰عدد پیاز ریز یا۳عدد پیاز بزرگ، ۴ قاچ شده
۱ قاشق چایخوری نمک
۴ عدد فلفل سیاه
۱ قاشق چایخوری تخم کرفس
یک ونیم فنجان سرکه

طرز تهیه:

۱ ــ پوست پیازهارا بگیرید وسروته آنرا قطع کنید.
۲ ــ پیازهارا درظرف شیشه ای قراردهید. مخلوطی از سرکه و ادویه هارا روی آن بریزید تا پیازهاکاملا پوشیده شود. درظرف را محکم ببندید وبرای یکماه درجای خنکی نگهداری کنید.

Torshi Liteh
(eggplant and carrot relish)

about 3 cups

2 medium eggplants
2 carrots, peeled and chopped
1/2 cup fresh parsley, chopped
1/4 cup fresh mint, chopped
(or 1 Tbs. dried mint)
1/4 tsp. turmeric
1 tsp. salt
1/4 tsp. pepper
1/2 tsp. marjoram leaves
1 1/2 cups wine vinegar (or apple cider vinegar)
1 Tbs. nigella seeds (optional)*

DIRECTIONS FOR PREPARATION

1. Peel eggplants and cut into several large pieces.

2. Put all ingredients in a medium-size pot and cook over medium heat for 20 minutes.

3. Mash with a potato masher; let cool. Keep refrigerated.

NOTE: This relish can accompany most Persian dishes and is most often served along with *abgushts*.

* See note, page 150 under *torshi bademjan*.

Torshi Karafs
(pickled celery)

1 bunch celery
1 medium onion, peeled and quartered
2 cloves garlic
1/2 tsp. salt
vinegar

DIRECTIONS FOR PREPARATION

1. Wash and cut celery into 1/2" pieces.

2. Place along with onions, garlic, and salt in large jars and cover completely with vinegar. Store in a cool place for several weeks before serving.

ترشی لیته

(برای تقریبا سه فنجان)

موادلازم:

۲ بادمجان متوسط
۲ هویج پوست کنده خردشده
نصف فنجان جعفری تازه خرد شده
یک چهارم فنجان نعناع تازه خرد شده یا یک قاشق غذاخوری نعناع خشک
یک چهارم قاشق چایخوری زردچوبه
۱ قاشق چایخوری نمک
یک چهارم قاشق چایخوری فلفل
نصف قاشق چایخوری مرزنجوش یا آویشن
یک ونیم فنجان سرکه
یک قاشق غذاخوری سیاه دانه

طرز تهیه:

۱ ــ بادمجانها را پوست بکنید و قطعه قطعه کنید.

۲ ــ تمام مواد را درقابلمه متوسطی بریزید وباحرارت متوسط برای ۲۰ دقیقه بپزید.

۳ ــ باگوشت کوب یاوسیله مشابهی مخلوط راله کنید واجازه بدهید خنک شود. ترشی لیته بهتراست دریخچال نگهداری شود.

ترشی کرفس

موادلازم:

۱ دسته کرفس
۱ پیاز متوسط قاچ شده
۳ پره سیر
نصف قاشق چایخوری نمک
سرکه به اندازه کافی

طرزتهیه:

۱ ــ کرفس را پس ازشستن بقطعات یک ونیم سانتیمتری تقسیم کنید.

۲ ــ کرفس را با پیاز، سیر ونمک درظرف شیشه ای بزرگ قرار داده وسرکه بریزید تاروی آن پوشیده شود. مخلوط رادر جای خنکی برای چند هفته نگهداری کنید.

Ghureh Ghureh
(pickled sour grapes)

1 lb. sour grapes
2 tsp. salt
1½ cups wine vinegar (or apple cider
vinegar) *

DIRECTIONS FOR PREPARATION

1. Separate grapes from stems. Wash in cold water and let dry.
2. Place in large glass jar(s) and add vinegar and salt. Seal and store in a cool place for one month.

NOTE: *Ghureh ghureh* is used (without the vinegar) in many *khoreshes* in place of lemon juice, dried lime, or sour plums.

* Or sour grape juice, in which case, put 1 to 1½ lbs. sour grapes in a blender or food processor or mash with a potato masher; extract the juice and discard the pulp. Use in place of vinegar.

Sabzi Khordan
(fresh vegetable accompaniment)

radishes
green onions
fresh spearmint leaves
fresh basil leaves
fresh tarragon leaves

DIRECTIONS FOR PREPARATION

1. Wash radishes and cut off ends.
2. Cut off ends of green onions, wash, and cut into 3" - 4" pieces.
3. Remove leaves from stems of spearmint, basil and tarragon, discarding stems.
4. Wash and let drain in a colander.
5. Mix together all vegetables and serve as an accompaniment to most Persian dishes.

NOTE: This accompaniment is often served with flat bread and feta cheese or yogurt. The greens are eaten rolled up with a piece of cheese in a bite-size piece of bread or rolled up in the bread and dipped in yogurt.

غوره غوره

موادلازم:

۱ پوند غوره
۲ قاشق چایخوری نمک
یک ونیم فنجان سرکه انگور یا آبغوره

طرزتهیه:

۱ ــ غوره رااز ساقه هایش جداکنید. پس از شستن درآب سرد، نرا خشک کنید.
۲ ــ غوره هارا درظرف شیشه ای بریزید ومخلوط سرکه ونمک رابه آن اضافه کنید. در شیشه رامحکم ببندید وبرای مدت یکماه درجای خنکی نگهداری کنید.

سبزی خوردن

موادلازم:

تربچه
پیازچه
نعناع تازه
ریحان تازه
ترخون تازه

طرز تهیه:

۱ ــ سبزیهاراخوب پاک کنید.
۲ ــ پیازچه هارا پس از شستن وتمیز کردن بقطعات ٤تا۵ سانتیمتری تقسیم کنید.
۳ ــ سبزیهارا باسلیقه دربشقابی بچینید.

Morabbā-ye Sib
(apple preserves)

about 6 cups

>   6 to 8 medium apples (any firm variety)
>   1 cup water
>   3 cups sugar
>   ¼ cup lemon juice

DIRECTIONS FOR PREPARATION

1. Peel, core, and slice apples in ½" pieces.

2. Bring water to a boil over high heat.

3. Add sugar and stir until completely melted.

4. Add lemon juice and stir. Reduce heat to medium.

5. Add sliced apples. Let mixture simmer 45 - 60 minutes. Occasionally, gently push apples down into syrup with spatula. When cooked, mixture should have a slight reddish tint, if not, cook longer. Let cool and store in tightly sealed jars.

Morabbā-ye Beh
(quince preserves)

about 8 cups

>   2 medium quinces
>   1½ cups water
>   4 cups sugar
>   ¼ cup lemon juice

DIRECTIONS FOR PREPARATION

1. Wash quinces; cut in quarters; cut off the core and cut into thin, ¼", slices.

2. Bring to a boil water, sugar and lemon juice in a medium-size pot.

3. Add quince; reduce heat to medium-low and let simmer for 1 hour. The preserves are ready when the sugar has been absorbed by the quince and the color is a deep reddish purple.

4. Let cool and store in a cool place in a sealed jar.

مربای سیب

(برای تقریباً ۳ فنجان)

موادلازم:

٦تا٨ سیب متوسط
۱ فنجان آب
۳ فنجان شکر
نصف فنجان آب لیمو یا۱ قاشق غذاخوری جوهر لیمو

طرز تهیه:

۱ ــ پوست سیب هارا بکنید وتخمه آنهارا درآورید و پره پره کنید.
۲ ــ درقابلمه ای آب را بجوش بیاورید.
۳ ــ شکر رابه آب جوش اضافه کنید واجازه بدهید تاحل شود.
٤ ــ آب لیموراا به شکر اضافه کنید وهم بزنید وبعد حرارت زیر قابلمه رابه متوسط کاهش دهید.
۵ ــ پره های سیب رادرقابلمه بریزید وباحرارت ملایم بمدت٤۵ تا٦۰ دقیقه بپزید. گاهگاه باکفگیر تکه های سیب رادرمخلوط فروببرید. بعدازپختن، مربای سیب رادرظرف شیشه ای درداری نگهداری کنید.

مربای به

(تقریباً۸فنجان)

موادلازم:

۲ عدد به متوسط
یک ونیم فنجان آب
٤ فنجان شکر
یک چهارم فنجان آب لیمو

طرزتهیه:

۱ ــ کرک به هارا بگیرید وهرکدام رابه چهارقسمت تقسیم نموده وبه دانه ومغز به راجدا کنید وبه هارا پره پره نمائید.
۲ ــ درقابلمه متوسطی؛ آب،شکروآب لیمورا مخلوط نموده وبجوش آورید.
۳ ــ قطعات به را درقابلمه بریزید وباحرارت متوسط مربا رابرای مدت یکساعت بپزید. مربای به وقتی حاضراست که شکرخوب بخورد قطعات به رفته ورنگ همه مربا قرمزتیره شود.
٤ ــ اجازه بدهید مرباخنک شود وآنرا درظرف سربسته ای درجای خنک نگهداری کنید.

Morabbā-ye Ālbālu
(tart cherry preserves)

about 6 cups

> 1 lb. tart cherries, pitted
> 1 cup water
> 2 Tbs. lemon juice
> 3 cups sugar
> 1 tsp. liquid vanilla (optional)

DIRECTIONS FOR PREPARATION

1. Bring tart cherries, water, and lemon juice to a boil in a sauce pan.

2. Add sugar, reduce heat to low, and simmer for 30 minutes.

3. Add vanilla, stir; remove from heat. Allow to cool and store in tightly sealed jars.

Morabbā-ye Kadu Tanbal
(pumpkin preserves)

about 5 cups

> 1 cup water
> 3 cups sugar
> ¼ cup lemon juice
> 3 cups pumpkin meat, cut in 1" cubes

DIRECTIONS FOR PREPARATION

1. Bring water to a boil over high heat; add sugar, stirring constantly until it completely dissolves.

2. Stir in lemon juice.

3. Add pumpkin; reduce heat to medium-low and simmer for about 1 hour, or until pumpkin is tender and saturated with sugar syrup. Allow to cool before serving. Store in tightly sealed jars.

مربای آلبالو

(برای تقریباً ۳/۵فنجان)

موادلازم:

۱ پوند آلبالوی بی هسته
۱ فنجان آب
۲ قاشق غذاخوری آب لیمو
۳ فنجان شکر
۱ قاشق چایخوری وانیل مایه(درصورت تمایل)

طرزتهیه:

۱ ــ آلبالو رادرمخلوطی ازآب وآب لیموبرای چند دقیقه بجوشانید.
۲ ــ شکر رابه آن اضافه کنید وباحرارت کم برای ۳۰ دقیقه بپزید.
۳ ــ وانیل رابه مربا اضافه کنید. بهم بزنید واز روی اجاق بردارید.
۴ ــ پس از خنک شدن در ظرف شیشه ای درداری نگهداری کنید.

مربای کدوتنبل

(تقریباً ۵ فنجان)

موادلازم:

۱ فنجان آب
سه چهارم فنجان شکر
یک چهارم فنجان آب لیمو
۳ فنجان کدو تنبل قطعه قطعه شده

طرزتهیه:

۱ ــ آب را بجوش بیاورید وشکررا به آن اضافه کنید تاخوب حل شود.
۲ ــ آب لیمورا به این محلول اضافه کنید و بهم بزنید.
۳ ــ قطعات کدوتنبل را توی قابلمه بریزید وباحرارت ملایم بمدت یکساعت یاتا وقتیکه محلول شکر خود بخورد کدو برود بپزید.
۴ ــ پس ازسرد شدن در ظرف درداری نگهداری کنید.

desserts, sweets and cookies

The most common dessert, as such, in Iran is fresh fruit, particularly varieties of melons, oranges, pears, apples, grapes, cherries, etc., in season. Sweets such as those in the recipes presented here are generally served to guests — especially during **Now Ruz**, the Persian New Year, when visiting friends and relatives is a must — accompanied by hot tea. In titling this chapter "Desserts," I have had the American audience in mind.

Tar Halvā
(sweet saffron-flavored paste)

3 to 4 servings

>   *½ cup rice flour*
>   *1 cup water*
>   *4 Tbs. sugar*
>   *1/8 tsp. saffron, dissolved in 1 Tbs. hot water*
>   *2 Tbs. butter*

DIRECTIONS FOR PREPARATION

1. Dissolve rice flour in water.

2. Simmer over medium heat in a medium-size saucepan for 5 minutes, stirring constantly to prevent sticking.

3. Add sugar and stir until it dissolves.

4. Add saffron, mix well.

5. Add butter; stir and let simmer for 5 more minutes. The mixture will be the consistency of a pudding while hot. Pour onto a medium-size platter. Serve hot or cold to be scooped up with flat bread, generally as a snack.

Kāchi
(sweet pudding)

4 to 5 servings

>   *1½ cups butter*
>   *2 cups flour*
>   *1½ cups sugar*
>   *1½ cups water*
>   *¼ tsp. cardamom (optional)*
>   *¼ tsp. saffron*
>   *½ cup hot water*

DIRECTIONS FOR PREPARATION

1. In a deep, heavy skillet, melt butter over medium-low heat.

2. Turn heat down to low and add flour, stirring to mix well with butter; lightly brown, stirring constantly to prevent burning and to ensure that flour is evenly cooked, for about 10 minutes.

3. Add water and sugar and continue stirring until well mixed and the sugar is completely dissolved.

4. Dissolve (cardamom and) saffron in hot water and add to mixture. Cook for another 5 - 10 minutes.

5. Place on a platter and decorate with the back of a fork. *Kachi* should be the consistency of a thick paste.

NOTE: *Kachi* is usually served warm on some religious holidays. However, it may also be served cold at any time for a snack or a heavy dessert.

ترحلوا

برای ۲ نفر

موادلازم:

نصف فنجان آرد برنج
۱ فنجان آب
٤ قاشق غذاخوری شکر
یک هشتم قاشق چایخوری زعفران محلول در یک قاشق غذاخوری آب ذاغ
۲ قاشق غذاخوری کره

طرزتهیه:

۱ ــ آرد برنج رادرآب حل کنید.
۲ ــ این مخلوط راروی حرارت متوسط درماهیتابه ای برای مدت۵ دقیقه بپزید. گاهگاه مخلوط بهم بزنید تاته نگیرد.
۳ ــ شکررا به ترحلوا اضافه کنید وبهم بزنید تاآب شود.
٤ ــ زعفران رااضافه کنید وخوب مخلوط نمائید.
۵ ــ کره رابه آن اضافه کنید و پس از مخلوط کردن اجازه بدهید ۵ دقیقه دیگر بپزد. بعداز پختن ترحلوا رادربشقاب کم عمقی بریزید.

کاچی

برای ۲ تا۳نفر

موادلازم:

یک ونیم فنجان کره
۲ فنجان آرد
یک ونیم فنجان شکر
یک ونیم فنجان آب
یک چهارم قاشق چایخوری هل(درصورت تمایل)
یک چهارم قاشق چایخوری زعفران
نصف فنجان آب داغ

طرزتهیه:

۱ ــ درماهیتابه عمیقی کره راآب کنید.
۲ ــ حرارت زیرماهیتابه راکم کنید. آرد رابه آن اضافه کنید ومرتب بهم بزنید تاخوب مخلوط شود ونسوزد. این عمل رابرای دقایقی انجام دهید تاخوب پخته و سرخ شود.
۳ ــ آب وشکر رابه کاچی اضافه کنید وبهم بزنید تاشکر کاملا آب شود.
٤ ــ زعفران وهل را درآب ذاغ حل کنید وبه کاچی اضافه نمائید. اجازه بدهید کاچی برای۵تا ۱۰ دقیقه بپزد.
۵ ــ کاچی رابه دیسی منتقل کنید وروی آنرا با نوک چنگال نقش بیاندازید.

Masqati
(colored sweet pudding)

6 to 8 servings

4½ cups cold water
1 cup cornstarch
a few drops artifical rose flavor
    or 4 Tbs. rose water
1¼ cups sugar
a few drops red, yellow, or green
    food coloring
4 Tbs. lemon juice
1 tsp. cinnamon
3 Tbs. butter
½ cup almonds or pistachios, finely chopped

DIRECTIONS FOR PREPARATION

1. Thoroughly dissolve cornstarch in water.
2. Bring to a boil, turn heat down, and add rose flavoring, sugar, food coloring, lemon juice, and cinnamon, stirring constantly to avoid sticking. Cook a few minutes more to make sure that sugar is completely dissolved.
3. Add butter and mix well; remove from heat.
4. Pour into serving bowls or individual dessert cups. Sprinkle with nuts.

Serve chilled.

Fereni
(starch pudding)

4 to 6 servings

½ cup cornstarch
2 cups milk
dash of salt
sugar, date, or pancake syrup, or honey

DIRECTIONS FOR PREPARATION

1. Dissolve cornstarch in cold milk.
2. Bring to a boil over medium heat, stirring constantly.
3. Stir in salt.
4. Pour onto a shallow serving dish and allow to cool; refrigerate. A thin crust will form on the top. Serve chilled, sprinkled with sugar or with date or pancake syrup or honey.

From extreme right, clockwise: *khoresh-e kadu; kabāb shāmi; adas polo; kuku sabzi; dolmeh kalam; khorāk-e havij va lubiya sabz;* and steamed rice with *tahdig.*

Center, from left to right: *khoresh-e karafs; halim bādemjān;* and *āsh-e resheth.*

From right to left, clockwise: samovar and *estekāns* of tea; *lowz-e nārgil; zulbiyā* and *bamiyeh; shirini-ye tar I; sharbat-e gol-e sorkh; sharbat-e ālbālu;* and *sekanjebin.*
Center, from left to right: *pulaki;* and sugar cubes.

مسقطی

برای ۲تا۳نفر

موادلازم:

٤ ونیم فنجان آب سرد
۱ فنجان نشاسته
٤ قاشق غذاخوری گلاب
۱ و یک چهارم فنجان شکر
چند قطره رنگ سرخ، زرد یاسبز برای غذا
٤ قاشق غذاخوری آب لیمو
۱ قاشق چایخوری دارچین
۳ قاشق غذاخوری کره
نصف فنجان بادام یاپسته کاملا ریزریز شده

طرزتهیه:

۱ ــ نشاسته راکاملا درآب سرد حل کنید.
۲ ــ این مخلوط راجوش بیاورید. حرارت اجاق راکم کنید. گلاب، شکر، رنگ، آب لیموودارچین را به مخلوط اضافه کنید. دقت کنید که مرتبا مخلوط باید بهم زده شود تاازته گرفتگی جلوگیری شود. مدت طبخ مسقطی دراین مرحله فقط چند دقیقه است تاشکر خوب حل شود.
۳ ــ کره رابه مسقطی اضافه کنید. بهم بزنید وازروی اجاق بردارید.
٤ ــ مسقطی رادریک کاسه بزرگ یاچند کاسه کوچکتر بریزید وآنرابا خرده بادام یاپسته تزئین کنید.

فرنی

برای۲تا۳نفر

موادلازم:

یک ونیم فنجان نشاسته
۲ فنجان شیر
کمی نمک
شکر، شیره یاعسل

طرزتهیه:

۱ ــ نشاسته رادرشیر سرد حل کنید.
۲ ــ روی حرارت متوسط این مخلوط را بجوش بیاورید. بایستی مخلوط را دائم بهم زد تاته نگیرد.
۳ ــ نمک را به فرنی اضافه کنید وبهم بزنید.
٤ ــ فرنی رادرظرف کم عمقی بریزید واجازه بدهید خنک شود. وقتی فرنی خوب سرد شد روی آن شکر، شیره یا عسل بریزید.

Sholezard
(saffron-flavored rice pudding)

6 to 8 servings

> 1 cup rice
> 2 Tbs. butter
> dash of salt
> 5 cups of water
> 1 cup sugar
> ¼ tsp. cardamom (optional)
> 1 tsp. lemon juice
> 1/8 tsp. saffron
> 2 Tbs. hot water
> cinnamon
> a few Tbs. silvered almonds

DIRECTIONS FOR PREPARATION

1. Bring rice, butter, and salt to a boil in water; cover and simmer gently until rice is soft and swollen, stirring occasionally to prevent sticking, about 45 minutes.

2. Add sugar and lemon juice to rice mixture and mash with potato masher. (Add cardamom.)

3. Dissolve saffron in hot water, add to rice mixture. Mix well.

4. Pour pudding in large serving bowl. Decorate top with cinnamon and almonds.

Serve chilled.

Bastani bā Khāmeh
(ice cream with frozen cream chunks)

10 servings

> 2 tsp. gelatin
> ¼ cup cold water
> 3 cups whole milk
> 2 cups cream
> ¾ cup sugar
> ¼ tsp. saffron
> rosewater syrup (option; see recipe p. 204)

DIRECTIONS FOR PREPARATION

1. Soak gelatin in water.

2. Take 1 cup of the milk and 1 cup of the cream, mix well and put in an ice cream freezer. Churn until the mixture forms a thick crust around the sides of the container.

3. Break chunks off with a spatula and set aside in freezer—this should be a ¼" thick layer which is quite brittle.

4. Scald the remaining milk, but do not boil.

5. Dissolve the sugar in the hot milk; add to soaked gelatin and saffron and beat vigorously. Chill.

6. Fold in the remaining cream and churn in the ice cream freezer. As the ice cream thickens, break off thickened parts from sides and mix with the soft parts. When all of the mixture has thickened, place in bowls.

7. Decorate with pieces of the cream chunks.

8. If desired, sprinkle rosewater syrup on top before serving.

شله زرد

برای ۲تا۳نفر

موادلازم:

۱ فنجان برنج
۲ قاشق غذاخوری کره
کمی نمک
۵ فنجان آب
۱ فنجان شکر
یک چهارم قاشق چایخوری هل
یک قاشق چایخوری هل
یک قاشق چایخوری آب لیمو
یک هشتم قاشق چایخوری زعفران محلول در۲ قاشق غذاخوری آب داغ
دارچین
چند قاشق غذاخوری خلال بادام

طرز تهیه:

۱ ـ برنج رابا کره، نمک وآب درقابلمه ای بجوش بیاورید. حرارت آنرا کم کنید و بگذارید بمدت۴۵ دقیقه به آرامی بپزد. اگر به آب بیشتر نیاز بود اضافه کنید. برنج باید کاملا پخته شود.

۲ ـ شکر وآب لیمورا به مخلوط اضافه کنیدو با گوشت کوب شله زرد را خوب بکوبید. هل وزعفران رابه شله زرد اضافه کنیدوخوب بهم بزنید.

۳ ـ شله زرد رادرکاسه بزرگی بریزید وروی آنرا با دارچین و خلال بادام تزئین کنید.

تبصره:

درصورت تمایل سه قاشق غذاخوری گلاب دراواخر مرحله۲ اضافه کنید.

بستنی باخامه

برای۵تا۶نفر

موادلازم:

۲ قاشق چایخوری ژلاتین
یک چهارم فنجان آب سرد
۳ فنجان شیر
۲ فنجان خامه
سه چهارم فنجان شکر
یک چهارم قاشق چایخوری زعفران
شربت گل سرخ (درصورت تمایل)

طرز تهیه:

۱ ـ ژلاتین رادرآب سرد حل کنید.

۲ ـ یک فنجان شیررابایک فنجان خامه درظرف جداگانه ای خوب مخلوط کنید ودر دستگاه بستنی سازی بریزید وبکاربیاندازید تالایه ای ازاین مخلوط درديواره ظرف بستنی ایجاد شود.

۳ ـ قطعات خامه سفت شده رابا کفگیری از دیواره ها جداکرده ودریخدان یخچال بگذارید. خامه یخ زده بایستی حدود نیم سانتیمتر ضخامت داشته وکاملا ترد باشد.

۴ ـ بقیه شیر را گرم کنید.

۵ ـ شکر رادرشیر گرم حل کنید. محلول ژلاتین رابه محلول شیر اضافه کنید وخوب بزنید.

۶ ـ اجازه بدهید این محلول خنک شود وبعد در دستگاه بستنی سازی بریزید. دستگاه رابکاربیاندازید تابستنی سفت شود. وقتی بستنی درحال سفت شدن است گاهگاه باكفگیر یاقاشق بزرگی بستنی سفت شده رااز دیوارها بکنید وبابستنی نرم داخل ظرف مخلوط کنید وخوب بزنید تاکشش پیدا کند.

۷ ـ بستنی رادر ظرفهای کوچک بریزید وتکه هائی ازخامه یخ زده را به آن اضافه کنید ودرصورت تمایل کمی شربت گل سرخ روی آن بریزید.

Pāludeh-ye Shirāzi
(Shirazi frozen dessert)

6 to 8 servings

    ½ cup cornstarch
    1 cup cool water
    5 Tbs. sugar
    ½ cup lemon juice
    4 to 5 Tbs. rosewater syrup (optional;
        see recipe p. 204)

DIRECTIONS FOR PREPARATION

1. Mix cornstarch in cool water, stirring until thoroughly dissolved.

2. Mix in sugar and place over medium heat, stirring constantly until the mixture thickens into a translucent paste.

3. Remove mixture from heat, flatten on a platter or flat dish, and place in freezer for 20 -30 minutes. At this point, the mixture should be still pliable but no longer sticky.

4. Put mixture through a meat grinder or cut in thin spaghetti-like strips.

5. Place in covered container and return to freezer for an hour or more.

Paludeh should be crunchy when ready for serving. To serve, place in sherbet or ice cream dishes; pour 2 - 3 Tbs. of lemon juice and 1 Tbs. of rosewater syrup, if desired, over each serving.

NOTE: This dessert is generally not made at home, but only found in special ice cream shops.

Shirini-ye Tar I
(filled cake)

about 20 pieces

  Filling:
    2 medium apples
    ¼ cup water
    1 cup sugar
    1 Tbs. lemon juice
    ½ tsp. cardamom or cinnamon
  Cake:
    1 plain pound cake

DIRECTIONS FOR PREPARATION

1. Core, peel, and dice apples.

2. Bring water to a boil in a small pot.

3. Add sugar gradually and stir until it dissolves.

4. Add apples to boiling syrup; reduce heat and simmer over medium-low heat for 20 minutes.

5. Remove from heat and stir in lemon juice and cardamom; mash with potato masher; allow to cool.

6. Trim browned edges from pound cake and cut into an even number of ½" - ¾" slices.

7. Spread a thick layer of the apple filling on half the slices of cake; top with another slice of cake.

8. Cut into squares of about 2".

NOTE: For variety, other fruits (about 1½ cups diced) can be substituted for apples. For a quick dessert, a ready-made preserve can be used as a filling.

پالوده شیرازی

برای ۲ تا ۳ نفر

موادلازم:

نصف فنجان نشسته
۱ فنجان آب سرد
۵ قاشق غذاخوری شکر
نصف فنجان آب لیمو
٤ تا ۵ قاشق غذاخوری شربت گل سرخ

طرزتهیه:

۱ ـ نشاسته رادرآب سرد حل کنید.

۲ ـ شکر رابه محلول نشاسته اضافه کنید وروی حرارت متوسط بپزید تا سفت شود. بایستی مرتب این مخلوط رابهم زد چون زودته میگیرد. وقتی این مخلوط بصورت خمیر شفافی درآمد آنراازروی اجاق بردارید.

۳ ـ پس ازاینکه خنک ترشد برای ۲۰ تا ۳۰ دقیقه آنرا درقسمت یخدان یخچال بگذارید. پس ازاین مدت خمیر نشاسته چسبندگی خودرا ازدست میدهد.

٤ ـ خمیر سفت شده را بوسیله چرخ گوشت یاوسیله مشابهی بصورت رشته های باریک درآورید.

۵ ـ رشته هارا درظرف دربسته ای بگذارید ودرقسمت یخدان یخچال برای یکی دوساعت نگهداری کنید.

پالوده وقتی حاضر است که ترد شده باشد. روی پالوده مقداری آب لیموشربت گل سرخ بریزید ودرصورت تمایل با بستنی میل کنید.

شیرینی تر(۱)

(تقریبا ۲۰ عدد)

موادلازم:

۲ عدد سیب متوسط
یک چهارم فنجان آب
۱ فنجان شکر
۱ قاشق غذاخوری آب لیمو
نصف قاشق چایخوری هل یا دارچین
۱ عدد کیک یک پوندی ساده

طرزتهیه:

۱ ـ سیب هارا پوست بکنید. تخم آنرا بگیرید وخرد کنید.

۲ ـ آب رادرقابلمه کوچکی بجوش بیاورید. شکررا به آن اضافه کنید تاحل شود.

۳ ـ سیب را به محلول اضافه کنید. حرارت زیرقابلمه راکم کنید وبگذارید ۲۰ دقیقه روی حرارت متوسط تاکم پخته شود.

٤ ـ مخلوط راازروی اجاق بردارید. آب لیمو وهل یا به آن اضافه کنید. باگوشت کوب یا وسیله مشابهی تکه های سیب را له کنید. اجازه بدهید مخلوط خنک شود.

۵ ـ قسمتهای قهوه ای رنگ بیرونی کیک را ببرید وبقیه کیک را به تکه های مستطیل شکل بقطریک ونیم سانتیمترتقسیم کنید. نیمی از قطعات کیک را درسینی لبه داری بچینید وبقیه کیک را کناربگذارید.

٦ ـ باقاشق لایه ای ازمخلوط آماده شده راروی لایه کیک که درسینی قرارداده اید پهن کنید.

۷ ـ باتکه های کنار گذاشته روی مخلوط را بپوشانید.

۸ ـ شیرینی راباکارد بقطعات مربع یامستطیلی شکل کوچک تقسیم کنید.

یادداشت: برای درست کردن انواع شیرینی ترمیتوان ازمیوه های دیگر بجای سیب استفاده کرد.

Shirini-ye Tar II
(jello-filled cake)

about 20 pieces

Filling:
1 3-oz. package fruit jello
Cake:
1 plain pound cake

DIRECTIONS FOR PREPARATION

1. Follow package instructions for fruit jello; place in refrigerator about 10 minutes or until cooled but not yet beginning to set.

2. Meanwhile, trim the browned edge from pound cake and cut into an even number of ½" - ¾" slices.

3. Place half the slices of cake in an oblong cake pan.

4. Pour cooled jello over the cake.

5. Cool in refrigerator for 10 minutes, or until jello begins to set, but is not quite firm.

6. Place remaining slices of cake on top of the slices under the jello, making sure to match edges.

7. Return cake to refrigerator until jello is firmly set.

8. Remove from refrigerator and cut into squares.

Ranginak
(date and nut sweet)

25 to 30 pieces

2 lbs. pitted dates, chopped
1 lb. walnuts, chopped
2 Tbs. cinnamon
1 lb. flour (4 cups)
½ lb. butter (1 cup)
sugar

DIRECTIONS FOR PREPARATION

1. Mix dates and walnuts.

2. Heat and stir until well mixed in skillet over low heat.

3. Sprinkle cinnamon on a flat dish or cookie sheet. Spread the date mixture on it. Smooth the surface with a spatula.

4. Put the flour in a pot over medium heat. Stir until light brown.

5. Add butter, stir until flour is well browned and separated from the fat.

6. Spread this mixture on the dates. Smooth the surface with a spatula.

7. Sprinkle with sugar, lightly.

8. When cool, cut into squares.

شیرینی تر(۲)

(تقریبا ۲۰عدد)

موادلازم:

۱ بسته نیم اونسی ژله میوه
۱ عدد کیک یک پوندی ساده

طرز تهیه:

۱ ــ دستور روی بسته رابرای آماده کردن ژله دنبال کنید. ده دقیقه ژله رادریخچال بگذارید تاخنک شود ولی کاملا سفت نشود.
۲ ــ کیک رابه لایه های یک ونیم سانتیمتری تقسیم کنید ونیمی ازآنهارا در ظرف کیک پز لبه داری بچینید.
۳ ــ محلول ژله راکه هنوز سفت نشده روی کیک بریزید و برای ده دقیقه دریخچال بگذارید تاکمی سفت ترشود.
٤ ــ پس از ده دقیقه تکه های دیگر کیک را روی ژله بچینید و در یخچال قرار دهید تا ژله سفت شود.
۵ ــ کیک را بقطعات کوچک مربع یا مستطیلی شکل تقسیم کنید.

رنگینک

(۲۵تا۳۰تکه)

موادلازم:

۲ پوند خرمای بی هسته خرد شده
۱ پوند گردوی خرد شده
۲ قاشق غذاخوری دارچین
۱ پوند آرد(٤ فنجان)
نیم پوند کره(۱ فنجان)

طرزتهیه:

۱ ــ خرما رابا گردو مخلوط کنید.
۲ ــ مخلوط راروی حرارت کم برای چند دقیقه بگذارید تانرم شود وتمام تکه های گردو بطور هماهنگ با خرما مخلوط شود.
۳ ــ کف سینی مسطح لبه داری را دارچین بپاشید ومخلوط خرما وگردو راروی آن پهن کنید.روی آن مخلوط راباپشت کفگیرصاف کنید. دقت کنید دارچین دریک جا جمع نشود.
٤ ــ آرد رادرقابلمه ای روی حرارت متوسط بو بدهید. درحین انجام این عمل بایستی مرتبا آرد رابهم زد تا نسوزد.
۵ ــ کره رابه آب اضافه کنید وبهم بزنید تاوقتی که آرد سرخ شده کره را باصطلاح جواب بدهد.
٦ ــ این مخلوط را بطور هماهنگ روی خرما وگردوپهن کنید وباپشت کفگیری روی آنرا کاملا صاف کنید.
۷ ــ کمی شکر روی آن بپاشید(شکر کره اضافی روی رنگینک را جذب میکند.)
۸ ــ پس از خنک شدن رنگینک را بقطعات مربع یامستطیل کوچک تقسیم کنید.

Sowhān
(honey-almond sweet)

1 cup granulated sugar
2 Tbs. honey
3 Tbs. butter
½ cup slivered almonds and/or pistachios
1/8 to 1/4 tsp. saffron
2 Tbs. hot water
1/8 cup almonds and/or pistachios

DIRECTIONS FOR PREPARATION

1. Melt sugar slowly in heavy skillet, stirring constantly to prevent burning.

2. Add honey, butter, and nuts to sugar, stirring gently over low heat.

3. Dissolve saffron in hot water and add to mixture, mixing gently but quickly. Remove from heat.

4. Drop by tablespoonsful on ungreased cookie sheet.

5. Press several pieces of remaining nuts on each piece.

6. Let cool. Gently remove from cookie sheet to prevent breaking. Store in cool, dry place in airtight container.

Zulbiyā
(pretzel-shaped sweet fritters)

about 15 to 20 pieces

1½ tsp. baking powder
1 cup warm water
1¼ cups all-purpose flour
1½ cups simple syrup or rosewater syrup (see recipe page 204)
2 cups vegetable oil

DIRECTIONS FOR PREPARATION

1. Dissolve baking powder in water.

2. Add flour and mix well. Let set 1 - 2 hours.

3. Pour syrup into a flat-bottomed bowl and set aside.

4. Heat oil in a heavy skillet over medium-high heat.

5. Put the flour mixture in a cake decorator or a pastry tube with a small opening.

6. Press through the opening into the hot oil in pretzel-shaped and sized figures. Fry for 40 - 60 seconds or until lightly browned; gently turn over and fry second side for 30 - 40 seconds or until lightly browned. Carefully remove from oil with a spatula, slotted spoon, or tongs and place on paper towels to discard excess grease. Then dip into syrup.

7. Gently remove from syrup and place on a plate. The finished product will be firm, not quite crispy, but rather delicate.

سوهان

موادلازم:

۱ فنجان شکر
۲ قاشق غذاخوری عسل
۳ قاشق غذاخوری کره
نصف فنجان خلال بادام و پسته
یک چهارم قاشق چایخوری زعفران محلول در۲ قاشق غذاخوری آب
یک هشتم فنجان خلال بادام و پسته

طرزتهیه:

۱ ــ شکر رابه آرامی درماهیتابه ضخیمی آب کنید ومرتبا بهم بزنید تانسوزد.آب کردن شکر در ابتدا شاید ٤تا۵ دقیقه طول بکشد ولی بمحض آب شدن کمی ازآن بقیه زود آب میشوند.
۲ ــ عسل، کره وخلال را به آن اضافه نموده وروی حرارت ملایم بهم بزنید.
۳ ــ محلول زعفران را اضافه کنید وفورا ازروی آتش بردار ید وخوب مخلوط کنید.
٤ ــ باقاشق بزرگی ازاین مخلوط به کف سینی بزرگی بر یز ید. بمحض پهن شدن هرتکه روی آنرا خلال بپاشید. این عمل راآنقدر ادامه دهید تامخلوط تمام شود.

زولبیا

برای۱۵تا۲۰عدد

موادلازم:

یک ونیم قاشق چایخوری جوش شیر ین
۱ فنجان آب گرم
یک و یک چهارم فنجان آرد
یک ونیم فنجان شر بت گل سرخ
۲ فنجان روغن گیاهی مایع

طرزتهیه:

۱ ــ جوش شیر ین رادرآب حل کنید.
۲ ــ آرد رابه آن اضافه کنید وخوب مخلوط کنید. مخلوط را یک تا دوساعت کناری بگذار ید.
۳ ــ شربت گل سرخ رادرکاسه ای بر یز ید که آماده باشد.
٤ ــ روغن رادرماهیتابه ضخیمی روی حرارت متوسط داغ کنید.
۵ ــ خمیر راکه تقر یبا آبکی است دراستوانه تزئین کیک (pastry tube)که سوراخ کوچکی داشته باشد بر یز ید.(میتوانید ازظرف پلاستیکی دردار که معمولا برای مصرف سس گوجه فرنگی در بعضی رستورانها بکارمیرود استفاده کنید.)
٦ ــ خمیر رابصورت حلقه های پنجره شکل درروغن داغ بمدت۳۰ تا٤۰ دقیقه سرخ کنید وبعدروی روزنامه بگذار ید تاروغن اضافی آن گرفته شود. این عمل راآنقدر ادامه بدهید تاخمیر تمام شود.
۷ ــ زولبیاهارا در شربت گل سرخ فرو کنید ودر بشقاب بزرگی بچینید.

Bāmieh
(saffron-flavored fried pastry)

about 15 pieces

1 cup water
¼ tsp. saffron
5 Tbs. butter
1¼ cups flour

1 egg, beaten
2 to 3 cups vegetable oil
2 cups rosewater syrup (see p. 204)

DIRECTIONS FOR PREPARATION

1. Bring water to a boil in a saucepan.

2. Add saffron and stir.

3. Add butter and stir until it melts.

4. Add flour and mix well with a fork until the mixture becomes a firm but manageable dough. Allow to cool.

5. Add egg and mix well with a fork, making sure the egg is mixed in completely with the dough and no lumps remain.

6. Heat vegetable oil in a deep fryer or deep pot on medium or medium-high heat. (Adjust the temperature if necessary after trying the first piece.)

7. Force dough through a snowflake-designed disc of a cake decorator (to make the grooves which are the destinctive design of this sweet) and separate from tool with a knife at about 2" and drop into the hot oil; fry a few pieces at a time until golden brown.

8. Remove from oil with a slotted spoon and place on a paper towel to drain. Repeat Steps 7 and 8 until all the dough has been used.

9. Allow to cool. Immerse in rosewater syrup.

NOTE: *Bāmieh* is a specialty, along with *zulbiya* (see p. 174), of the fasting month of Ramazan served in the evening after the breaking of the fast.

بامیه

تقریبا ۱۵ عدد

موادلازم:

۱ فنجان آب
یک چهارم قاشق چایخوری زعفران
۵ قاشق غذاخوری کره
یک و یک چهارم فنجان آرد
۱ تخم مرغ
۲تا۳ فنجان روغن مایع
۲ فنجان شربت گل سرخ

طرزتهیه:

۱ ــ آب رادرقابلمه کوچکی جوش بیاورید.
۲ ــ زعفران رابه آن اضافه کنید وبهم بزنید.
۳ ــ کره رابه آن اضافه کنید وبهم بزنید تاآب شود.
۴ ــ آرد رااضافه کنید وباچنگال خوب مخلوط کنید تاخمیر یکدستی درست شود. اجازه بدهید خمیر خنک شود.
۵ ــ تخم مرغ رابه خمیر اضافه کنید وباچنگال آنقدر مخلوط کنید تاکاملا درخمیر حل شود.
۶ ــ روغن رادرظرف ضخیم عمیقی داغ کنید. حرارت اجاق را میتوان پس از سرخ کردن اولین تکه بامیه بدلخواه تنظیم کنید.
۷ ــ خمیر رادراستوانه تزئین کیک بادهانه ستاره ای شکل بریزید. درحالیکه استوانه رابالای ظرف روغن داغ نگهداشته اید وخمیری راکه بیرون می آید باکارد بقطعات ٤ سانتیمتری بریده واجازه بدهید سرخ شود.
۸ ــ با کفگیر بامیه هارا ازروغن درآورید وروی روزنامه قرار دهید تاروغن اضافی آن گرفته شود.
۹ ــ بعدازخنک شدن، بامیه هارا درظرف شربت گل سرخ فرو ببرید ودربشقاب بزرگی بچینید.

Bāqlavā

(Iranian baklava)

about 30 pieces

1 lb. baklava pastry (fillo) *
1 lb. unsalted butter, melted (no substitutes)
3½ cups almonds, finely chopped
1 tsp. cardamom

½ cup sugar
2 cups sugar dissolved in ¾ cup hot water†
1 tsp. rosewater extract
½ cup pistachio nuts, chopped

DIRECTIONS FOR PREPARATION

1. Place 3 or 4 sheets of baklava pastry evenly over the bottom of a well-greased oblong cake pan, brushing each sheet on both sides with melted butter before placing another sheet on top.

2. Thoroughly mix together almonds, cardamom, and sugar and spread evenly over pastry sheets in the pan.

3. Place 3 - 4 buttered sheets of baklava pastry on top of the nut and sugar mixture.

4. Cut into square or diamond-shaped pieces (about 2" x 2").

5. Preheat over to 350°. Bake for 25 - 30 minutes, then increase temperature to 450° and bake an additional 10 - 15 minutes or until top crust is golden brown.

6. Mix rose water in sugar syrup and allow it to cool.

7. Remove the baking dish from the oven and pour syrup evenly over the top of the baklava.

8. Sprinkle with pistachio nuts. Allow to cool.

9. Before serving, run a knife along the grooves where the baklava had previously been cut. Keep refrigerated until serving time.

* Also spelled *fila*.
† 1½ cup honey may be substituted for 2 cups sugar.

باقلوا

تقریبا ۳۰ تکه

موادلازم:

۱ پوند خمیر باقلوا(فیلو)
۱ پوند کره بی نمک آب شده
۳ ونیم فنجان بادام خرد شده
۱ قاشق چایخوری هل
نصف فنجان شکر
۲ فنجان شربت گل سرخ(به صفحه 205 مراجعه شود)
نصف فنجان پسته خردشده

طرزتهیه:

۱ ــ سه تا چهارورقه ازخمیر باقلوارا کف ظرف پهن روغن زده ای بچینید. دقت کنید که هر یک ازورقه ها رویش روغن خورده باشد.

۲ ــ بادام، هل وشکر راخوب مخلوط کنید وروی ورقه های خمیرباقلوا پهن کنید.

۳ ــ ۳ یا ٤ ورقه روغن زده خمیر باقلوا را روی مخلوط بگذارید.

٤ ــ باقلوارا بصورت لوزی یا مربع های کوچک ببرید.

۵ ــ فر راقبلا بمدت ده دقیقه باحرارت ۳۵۰ درجه فارنهایت گرم نمائید و باقلوا را ۲۵ تا ۳۰ دقیقه طبخ کنید. سپس درجه حرارت را به ٤۵۰ درجه بالا ببرید و ۱۰ تا ۱۵ دقیقه دیگرنیز بپزید تا روی آن برشته شود.

٦ ــ ظرف باقلوارا ازفر بیرون بیاورید وشربت گل سرخ یکنواخت روی آن بریزید.

۷ ــ روی باقلوا رابا پسته های خرد شده تزئین کنید وبگذارید تاسرد شود.

۸ ــ دوباره باکارد جاهائی راکه قبلا بریده اید ببرید تاباقلوا براحتی از ظرف جداشود.

Lowz-e Bādām
(almond confection)

about 10 to 15 pieces

½ cup butter
½ cup sugar
½ cup flour
⅔ cup powdered almonds
1/8 tsp. saffron
2 Tbs. hot water

DIRECTION FOR PREPARATION

1. Melt butter in heavy skillet over medium-high heat.

2. Add sugar and stir constantly until it dissolves.

3. Add flour and almonds to form a thick paste. Stir constantly for 3 - 4 minutes.

4. Dissolve saffron in water, stir well into mixture in skillet.

5. Remove skillet from heat and spread out contents evenly on a cookie sheet, using a spatula, to a thickness of about half an inch.

6. Cut diagonally into diamond-shaped pieces about 1½" from edge to edge. Allow to cool and serve.

Lowz-e Nargil
(coconut confection)

about 10 to 15 pieces

½ cup unsalted butter or margarine
½ cup sugar
5/8 cup flour
¾ cup shredded coconut

DIRECTIONS FOR PREPARATION

1. Melt butter in a heavy skillet over medium-high heat.

2. Add sugar and stir constantly until it dissolves.

3. Add flour and ½ cup of the coconut and mix into a thick paste. Reduce heat to medium and cook an additional 3 - 4 minutes, stirring constantly.

5. Remove from heat and spread out evenly on a cookie sheet to a thickness of about half an inch.

6. Cut diagonally into diamond-shaped pieces about 1½" from edge to edge. Allow to cool and serve.

لوزبادام

۱۵ عدد

موادلازم:

نصف فنجان کره
نصف فنجان شکر
نصف فنجان آرد
دوسوم فنجان آرد بادام
یک هشتم قاشق چایخوری زعفران محلول در۲قاشق غذاخوری آب داغ

طرز تهیه:

۱ ـ کره رادر ماهیتابه ضخیمی روی حرارت متوسط آب کنید.

۲ ـ شکررا به آن اضافه نمائید ومرتبا بهم بزنید تاحل شود.

۳ ـ آرد وبادام را بمخلوط اضافه کنید. بهم بزنید تابصورت خمیر نرمی درآید. بگذارید۳تا٤دقیقه دیگر روی اجاق پخته شود. دقت کنید که این مخلوط مرتب باید بهم زده شود.

٤ ـ محلول زعفران رابه مخلوط اضافه کنید وبهم بزنید.

۵ ـ ماهیتابه راازروی اجاق بردارید ومحتوای آنرا بطور یکنواخت به ضخامت۲ سانتیمتر روی یک سینی پهن کنید.

٦ ـ شیرینی را بشکل لوزی ببرید واجازه دهید خنک شود.

لوزنارگیل

۱۰تا۱۵ عدد

موادلازم:

نصف فنجان کره شیرین(بی نمک)
نصف فنجان شکر
پنج هشتم فنجان آرد
سه چهارم فنجان نارگیل رنده شده یاچرخ شده

طرزتهیه:

۱ ـ کره رادرماهیتابه ضخیمی روی حرارت متوسط آب کنید.

۲ ـ شکررابه آن اضافه کنید و دائما بهم بزنید تا آب شود.

۳ ـ آرد ونیمی از نارگیل رابمخلوط اضافه کنید ومخلوط کنید تابصورت خمیر درآید. حرارت اجاق راکم کنید و بهم زدن مخلوط راادامه دهید تا سه الی چهار دقیقه دیگر بپزد.

٤ ـ ماهیتابه رااز روی اجاق بردارید ومحتوای آنرا بضخامت ۲ سانتیمتر در یک سینی پهن کنید.

۵ ـ بقیه نارگیل رابروی شیرینی بپاشید وباپشت کفتگیر روی آن بزنید تا شیرینی نچسبد.

٦ ـ شیرینی رابشکل لوزی ببرید واجازه دهید خنک شود.

Qottāb
(nut-filled pastry)

about 30 pieces

- ½ lb. unsalted butter, softened to room temperature
- 5 cups flour
- 2 Tbs. baking powder
- 1 tsp. ground cardamom
- 1 egg, well beaten
- 1 cup milk
- 1 Tbs. rose water or a few drops of rosewater extract
- 2 cups vegetable oil

Filling:
- ¾ lb. ground walnuts or almonds combined with 1 cup powdered sugar

DIRECTIONS FOR PREPARATION

1. Beat butter for several minutes until it becomes creamy. Gradually fold in flour, baking powder, and cardamom and mix well.

2. Add egg and mix well. Then gradually add milk and rose water; knead well. Let dough rise for 3 hours.

3. Make balls the size of walnuts; press flat to form round pieces about 2" in diameter. Place 2 · 3 tsp. of the filling on top, fold in half to form semicircles. Press edges together.

4. With a knife, make a series of small indentations on the circular edge of each piece of pastry, making sure not to poke a hole in the pastry. Continue Steps 3 and 4 until dough and filling are used up.

5. Heat oil in a heavy skillet and brown pastries on each side.

6. Dip each pastry in powdered sugar; let cool and serve.

Kolucheh Yazdi
(Yazdi cookies)

about 15 pieces

- 4 eggs, well beaten
- ¾ cup sweet butter, melted
- 1 cup sugar
- 2 cups flour
- 1 cup yogurt
- 1 tsp. baking powder
- 1 tsp. baking soda
- ½ tsp. ground cardamom
- 1 Tbs. rose water or a few drops of rose extract (or 1 tsp. vanilla)
- 1 cup seedless raisins
- ½ cup blanched almonds
- 3 tsp. pistachios, chopped

DIRECTIONS FOR PREPARATION

1. Combine eggs, sugar and melted butter; mix well.

2. Gradually add flour and mix. Add yogurt and mix well.

3. Combine rose water, baking soda, baking powder and cardamom. Add to egg/flour mixture and let it rise for 1 hour.

4. Stir in raisins and almonds.

5. Pour the mixture into a cookie pan to a depth of ½". Sprinkle with pistachios. Bake at 325° for 15 · 20 minutes until golden brown. Let cool and cut into serving pieces.

Serve with hot tea or coffee.

قطاب

موادلازم:

نیم پوند کره بی نمک نرم
یک وسه چهارم پوند آرد
۲ قاشق چایخوری بیکن پاودر(baking powder)یایک قاشق چایخوری جوش شیرین.
۱ قاشق چایخوری هل سائیده
۱ تخم مرغ
۱ فنجان شیر
۱ قاشق غذاخوری گلاب یاچند قطره اسانس گل سرخ
۲فنجان روغن گیاهی مایع

برای داخل قطاب:

سه چهارم پوند مغز گردو یابادام کوبیده
یک دوم پوند خاک قند یاپودرشکر
یک دوم پوندخاک قند یاپودرشکر

طرزتهیه:

۱ ــ کره را خوب بزنید تاسفید شود.

۲ ــ آرد،بیکن پاودر وهلراباآن اضافه کنید وبادست خوب ورزدهید.

۳ ــ تخم مرغ راخوب بزنید وبه خمیر اضافه کنید.بعد شیررابا گلاب مخلوطکرده وکم کم اضافه وخوب مخلوط نمایید.اجازه بدهید خمیر برای ۳ ساعت برآید.

۴ ــ گردوی کوبیده(یابادام)راباخاکه قند مخلوط کنید.

۵ ــ کلوچه های کوچکی باندازه گردوی کوچک درست کنید وباقراردادن هریک درکف دست آنها رابصورت دایره بقطر۵/۴ سانتیمتر درآورید.باندازه۲ تا۳ قاشق چایخوری ازمخلوط گردو (یابادام) وشکر را روی خمیر مسطح قرار دهید وآنرا تاکنید تابصورت نیم دایره ای درآید. لبه های نیم دایره رابهم بچسبانید تامخلوط بیرون نریزد.

۶ ــ باچاقولبه نیم دایره راقاچ قاچ کنید . مواظب باشید قاچهاعمیق نباشد چون مخلوط بیرون خواهد ریخت.

۷ ــ مراحل ۵و۶راتکرارکنید تاتمام خمیر ومخلوط تمام شود.

۸ ــ درماهیتابه ضخیمی روغن راداغ کنید ودوطرف قطابها را درآن سرخ کنید.

۹ ــ قطاب ها رایک یک درخاکه قند بغلطانید و اجازه دهید خنک شود.

کلوچه یزدی

۱۵ تکه

موادلازم:

۴ عدد تخم مرغ
سه چهارم فنجان کره بدون نمک
۱ فنجان شکر
۲ فنجان آرد سفید
۱ فنجان ماست
یک قاشق چایخوری بیکن پاودر
یک قاشق چایخوری جوش شیرین
نصف قاشق چایخوری هل کوبیده
یک قاشق سوپ خوری گلاب
۱ فنجان کشمش
نیم فنجان خلال بادام

طرزتهیه:

۱ ــ تخم مرغ هارا خوب بهم بزنید. کره راآب کنید وباشکر به تخم مرغ ها اضافه نموده ودوباره خوب بهم بزنید.

۲ ــ آرد را بتدریج اضافه کرده وبهم بزنید. سپس ماست را هم اضافه نموده وبهم بزنید تاخمیرمایه بدست آید.

۳ ــ درظرف جداگانه گلاب، جوش شیرین، هل وبیکن پودر را باهم مخلوط کنید. این مخلوط را به خمیرمایه اضافه کرده وبگذارید تایکساعت بماند تاخمیر وربیاید.

۴ ــ کشمش وخلال بادام را به خمیرمایه بیفزائید.

۵ ــ درسینی مخصوص شیرینی پزی خمیرمایه را بریزید تابه عمق نیم اینچ یابیشتربرسد. روی آن پسته پاشیده ودرفرباحرارت ۳۲۵ درجه فارنهایت بمدت ۱۵ الی ۲۰ دقیقه بپزید. وقتی رنگ کلوچه طلائی متمایل به قهوه ای شده ازفرآورید وبگذارید سردشود. آن را به قطعات دلخواه ببرید وباچای وقهوه میل فرمائید.

Nān Berenji

(rice flour cookies)

about 30 pieces

1 lb. unsalted butter, softened to room temperature
5 cups rice flour
1 cup powdered sugar
2 tsp. ground cardamom
1 tsp. baking powder
1 egg, well beaten
1 Tbs. rose water or 2 drops of rosewater extract

DIRECTIONS FOR PREPARATION

1. Beat butter for several minutes until it becomes creamy. Gradually add flour and mix together well.

2. Gradually add sugar and cardamom and beat for a few more minutes.

3. Add baking powder, egg, and rose water and mix together well.

4. Make balls the size of small walnuts. Arrange 2½" apart on an ungreased cookie sheet. Flatten lightly with the tip of your finger.

5. Preheat oven to 350°; bake cookies for 15 - 20 minutes, or until they become a golden color.

6. Remove gently with a spatula and let cool on wax paper or paper towel.

Nañ Nokhodchi

(roasted chick-pea flour cookies)

about 25 to 30 pieces

1½ cups chick-pea flour (see recipe, p. 214)
¾ cup softened, unsalted butter
¾ cup powdered sugar
½ tsp. cardamom
4 Tbs. warm water

DIRECTIONS FOR PREPARATION

1. Mix together all ingredients in a mixing bowl to form a smooth paste. Make sure no lumps of flour remain in the mixture.

2. Take spoonsful of the dough and role into balls the size of walnuts.

3. Arrange on a lightly greased cookie sheet about 2" apart. Press each ball lightly with a fork or potato masher to flatten slightly and imprint a design. Bake for 20 minutes in moderate oven, 350°.

NOTE: *Nān nokhodchi* is very delicate and should be handled with care, but well worth the effort.

نان برنجی

۲۵تا ۳۰عدد

موادلازم:

۱ پوند کره
یک وسه چهارم پوند آرد برنج
۱ فنجان شکر پودر یاخاکه قند
۱ قاشق چایخوری بیکن پاودر یاجوش شیرین
۱ تخم مرغ زده شده
۲ قاشق چایخوری هل سائیده
۱ قاشق غذاخوری گلاب یادوقطره اسانس گل سرخ

طرزتهیه:

۱ ــ کره راچند دقیقه بزنید تارنگش شیری شود.
۲ ــ شکر وهل را به کره اضافه نموده وخوب مخلوط کنیدوچند دقیقه بزنید.
۳ ــ بیکن پاودر وتخم مرغ را به مخلوط اضافه کنید و بهم بزنید.
۴ ــ گلوله های کوچکی باندازه گردو از خمیردرست کنید وآنهارا روی سینی مخصوص فربفاصله ۵ سانتیمتر بچینید. آنگاه با نک انگشت هرکدام را کمی پهن کنید.
۵ ــ فر را چند دقیقه قبل ازطبخ باحرارت ۳۵۰ درجه فارنهایت گرم کنید وشیرینی هارا برای ۱۵تا ۲۰ دقیقه بپزید تا طلائی رنگ شود.
۶ ــ باکفگیرچه ای شیرینی هارا باملایمت به روی روزنامه یا دستمال کاغذی انتقال دهید تاخنک شود.

نان نخودچی

۲۵تا ۳۰عدد

موادلازم:

یک ونیم فنجان آرد نخودچی
سه چهارم فنجان کره
سه چهارم فنجان پودرشکر یا خاک قند
نصف قاشق چایخوری هل
۴ قاشق غذاخوری آب گرم
۱ قاشق غذاخوری گلاب

طرزتهیه:

۱ ــ تمام موادرا درظرفی مخلوط کنید تابصورت خمیریکدست درآید.
۲ ــ گلوله های کوچکی به اندازه گردو ازخمیر درست کنید.
۳ ــ گلوله هارا بفاصله ۴ سانتیمتر از یکدیگر روی سینی مخصوص فر که قبلا روغن زده اید قرار دهید. باسرانگشت کمی آنهارا پهن کرده و روی آنرا با پشت چنگال نقش بیندازید.
۴ ــ شیرینی هارادرحرارت ۳۵۰ درجه بمدت ۲۰ دقیقه طبخ کنید.

breads

Although rice may be the main Iranian staple, bread is the one food no Iranian will want to do without. On nearly every street in every neighborhood of every city, there are several bread bakeries, often a short distance from one another. Bakeries usually specialize in one particular type of bread, for instance, a *sangak* bakery, a *lavāsh* bakery, etc. Bread is usually bought fresh before every meal; however, the breads suggested in this book can be made ahead of time, kept refrigerated in an airtight container (to keep their freshness and prevent them from drying out), and simply toasted on a very low setting just before serving. Bread can be kept this way for at least a week.

Tāftun
(round flat bread)

8 to 10 loaves

1 packet active dry yeast
2 cups warm water
1½ tsp. salt

3 cups all-purpose white flour
flour for rolling

DIRECTIONS FOR PREPARATION

1. Dissolve yeast in warm water.

2. Add salt and mix well. Mix in flour and knead using an electric mixer with a dough hook or by hand for 10 minutes. Cover with a damp cloth and let dough rise for 2 hours.

3. Reheat oven to 500°.

4. Warm up a cookie sheet in the oven.

5. Separate dough into 8 - 10 pieces. Shape each into a ball. Sprinkle a board or counter with flour to prevent sticking. One at a time, flatten each ball of dough on the counter or board by hand; sprinkle flour on top to prevent sticking to fingers. With a floured rolling pin, flatten the dough as you would for a pie crust into a round, approximately 1/8" thick, loaf. Take cookie sheet out of oven and gently lay the flattened dough on the ungreased cookie sheet. With fingertips, make a series of perforations over the dough to prevent the dough from bubbling.

6. Bake about 7 minutes for the first loaf, or until lightly golden in color, and about 5 minutes for each of the following loaves.

Serve hot, or cool for a few minutes and store in an airtight container. Can be easily reheated in a toaster at low setting.

نان تافتون

۸تا۱۰عدد

موادلازم:

۱ پاکت مایه خمیر
۲ فنجان آب گرم
یک ونیم قاشق چایخوری نمک
۳ فنجان آرد
آرد برای پهن کردن نان

طرز تهیه:

۱ ـ مایه خمیر رادرآب گرم حل کنید.

۲ ـ نمک به آب اضافه کنید تاحل شود. آرد رابه مایع اضافه کنید وخمیر راباچنگ بهم بزنید وبرای ده دقیقه خوب بمالید. برای اینکارمی توانید ازمخلوط کن برقی استفاده کنید. روی خمیر رابا پارچه نم داری بپوشانید وبگذارید خمیر بمدت ۲ ساعت برآید.

۳ ـ فر رابا ۵۰۰ درجه فارنهایت خوب گرم کنید.

۴ ـ سینی مخصوص فر راخالی درفر بگذارید تاگرم شود.

۵ ـ خمیر رابه ۸تا۱۰ قسمت تقسیم کنید. روی پیشخوان آشپزخانه باتخته بزرگی مقداری آرد بپاشید وهرکدام ازقسمتهارا اول بادست و سپس با غلطک نان به ضخامت نیم سانتیمتر بشکل دایره پهن کنید. سینی مخصوص فر را بادستگیره ای بیرون آورید وخمیر پهن شده را به آن انتقال دهید. بانوک انگشت یا چنگال چوبی مقداری سوراخ بطور یکنواخت روی خمیر ایجادکنید. درصورت تمایل کمی کنجد روی آن بپاشید.

۶ ـ نان رابرای ۷ دقیقه طبخ کنید.

Lavāsh
(wafer thin bread)

about 20 loaves

DIRECTIONS FOR PREPARATION

1. Follow recipe for *taftun;* but, flatten dough, which has been divided into about 20 equal-size balls, as thin as possible and large enough to almost cover cookie sheet.

2. Place on warmed cookie sheet and bake for 1 minute.

Barbari
(thick flat bread)

2 to 3 loaves

DIRECTIONS FOR PREPARATION

1. Follow recipe for *taftun*.

2. Separate into 2 · 3 sections and shape into balls. Roll out each ball, one at a time, in an oblong shape large enough to fit a cookie sheet. Perforate in the form of deep grooves with the fingertips.

3. If desired, spray with a little water and sprinkle with sesame, caraway, or cumin seeds. Bake for 7 · 10 minutes or until golden brown.

Nān-e Rowghani
(sweet bread smothered with sesame seeds)

5 to 6 loaves

1 packet active dry yeast
2 cups warm water
1 tsp. salt
1 cup granulated sugar
3 cups all-purpose flour
½ cup vegetable oil
½ to 1 cup sesame seeds

DIRECTIONS FOR PREPARATION

1. Follow *nan-e khoshkeh-ye qandi* recipe (page 196) through Step 4.

2. Separate dough into 5 · 6 pieces, wet hands with a little water at a time, and flatten the dough by hand into ½" thick, round loaves. Use additional water, if necessary to flatten.

3. Cover each loaf generously with sesame seeds, brush with oil, and bake on a greased cookie sheet at 450° for about 10 minutes.

نان لواش

۲۰عدد

موادلازم:

تمام موادنان تافتون

طرزتهیه:

۱ ــ دستور پختن تافتون راتامرحله قسمت کردن خمیر دنبال کنید. درابنجا خمیر رابه ۲۰ قسمت تقسیم کنید. وهرقسمت را تاجائی که ممکن است بصورتورقه های نازکی پهن کنید.
۲ ــ مدت طبخ نان لواش درحرارت ۵۰۰ درجه فارنهایت تقریبا ۱ دقیقه است.

نان بربری

۲تا۳عدد

موادلازم:

تمام مواد نان تافتون

طرزتهیه:

۱ ــ دستور پخت نان تافتون را تامرحله تقسیم خمیر دنبال کنید.
۲ ــ خمیر رابه۲یا۳قسمت مساوی تقسیم نمائید وهرقسمت رابه ضخامت یک ونیم سانتیمتر پهن کنید. خمیر راروی سینی مخصوص فر قراربدهید. انگشتان خودرادرآب فرو کنید وشیارهائی از درازا روی خمیر ایجاد کنید. یابادست یابا چنگال چوبی سوراخهائی هم بوجود آورید.

۳ ــ درصورت تمایل کنجد یا زیره کرمانی یازیره سبز، ویا خشخاش روی نان بپاشید وبمدت۷ تا ۱۰ دقیقه طبخ کنید تاروی آن برشته شود.

یادداشت: بهتراست سینی مخصوص فررادربالاترین پنجره فر بگذاریدکه زیرآن زود نسوزد.

نان روغنی (شیرین)

۵تا۶عدد

موادلازم:

۱ پاکت مایه خمیر
۲ فنجان آب گرم
۱ قاشق چایخوری نمک
۱ فنجان شکر
۳ فنجان آرد
نصف فنجان روغن گیاهی
نیم تایک فنجان کنجد

طرزتهیه:

۱ ــ دستورپختن نان خشکه قندی را تامرحله ٤ دنبال کنید.
۲ ــ خمیر را به۵یا۶ قسمت مساوی تقسیم کنید. بادست خود که درآب فروکرده اید هرقسمت رابه ضخامت ۱ سانتیمتر بشکل دایره پهن کنید.
۳ ــ هرکدام ازنانهارا به فراوانی کنجدو روغن بزنید و برای ۱۰ دقیقه درحرارت ٤۵۰ درجه طبخ نمائید.

Sangak
(bread baked over pebbles)

8 to 10 loaves

1 packet active dry yeast
2 tsp. salt
3 cups warm water
3 cups whole wheat flour

1¼ cups white flour
sesame or caraway seeds (optional)
oil

DIRECTIONS FOR PREPARATION

1. To make this bread, gather some pebbles the size of almonds, which should be washed before using. Cover a cookie sheet evenly with pebbles; brush with oil.

2. Dissolve yeast and salt in warm water.

3. Add flour and mix well for 10 - 15 minutes. Let rise in a bowl covered with a damp cloth for 2 hours.

4. Preheat oven to 500°. Warm pebble-covered cookie sheet in oven.

5. Separate dough into 8 - 10 equal pieces. Flatten dough into ½" thick, oblong loaves by hand, using oil or water to prevent sticking to the fingers.

6. Perforate the dough with fingertips.

7. If desired, sprinkle with sesame or caraway seeds. Place on top of pebbles in warmed cookie sheet. Bake for about 10 minutes or until lightly golden in color.

Serve hot.

نان سنگک

۸تا۱۰عدد

موادلازم:

۱ پاکت مایه خمیر
۲ قاشق چایخوری نمک
۳ فنجان آب گرم
۳ فنجان آرد گندم

یک و یک چهارم فنجان آرد سفید
کنجد، خشخاش یا سیاه دانه(درصورت تمایل)
روغن

طرزتهیه:

۱ ــ برای درست کردن نان سنگک احتیاج به ریگهائی باندازه بادام هست. پس ازتهیه آنهارا خوب بشوئید وروی سینی مخصوص فر پهن کنید.

۲ ــ مایه خمیررا درآب گرم حل کنید.

۳ ــ آرد هارا به آن اضافه کنید وبمدت ۱۰تا۱۵ دقیقه خوب چنگ بزنید وبمالید. اجازه بدهید خمیر بمدت۲ ساعت برآید.

٤ ــ فررادر۵۰۰ درجه فارنهایت ازقبل گرم کنید. کمی روغن بطوریکنواخت روی ریگها بمالید وسینی را تاآماده شدن نام درفر بگذارید تاگرم شود.

۵ ــ خمیررابه ۸تا۱۰ قسمت مساوی تقسیم کنید. دست خودرا درآب بزنید وهرقسمت را به ضخامت سه چهارم سانتیمترپهن کنید(برای جلوگیری ازچسبیدن خمیربه انگشتها، دست خودرا متناوبا خیس کنید.)

٦ ــ با پنجه دست یا چنگال چوبی سوراخهائی درسرتاسر خمیر پهن شده بوجود آورید.

۷ ــ سینی داغ شده را بادستگیره ازفرخارج کنید وخمیرراروی ریگها پهن کنید. اگرمایلید کمی خشخاش یا سیاه دانه روی آن بپاشید و بمدت ۱۰ دقیقه طبخ کنید.

Nān-e Khoshkeh (Do Atasheh)

(Persian double-baked cracker-bread)

1 packet active dry yeast
3 cups all-purpose white flour
2 cups warm water
flour for rolling
1½ tsp. salt

DIRECTIONS FOR PREPARATION

1. Follow bread recipe for *taftun* or Easy Persian-Style Bread, except, roll out dough to ¼" thickness.

2. Bake on a cookie sheet in a preheated 500° oven for 7 - 10 minutes.

3. After all loaves are baked, reduce heat in oven to low (150° - 200°).

4. Wait 10 minutes or until oven temperature has reduced, then, arrange the loaves on the oven racks and bake again for 15 more minutes.

5. Then, turn oven off, but leave bread on racks in the oven for a few hours, until the oven is cool. Or, take leftover Persian bread and place in low oven, 150 - 200°, and follow same steps as above.

NOTE: This cracker-bread should be very crispy and can be stored in a cool, dry place for long periods of time.

To serve, break loaves into smaller pieces and use as you would crackers, as snacks with feta cheese and fresh mint or walnuts or dipped in yogurt.

Easy Persian-Style Bread

(frozen white or wheat bread dough)

DIRECTION FOR PREPARATION

For all the bread recipes, a simple shortcut, which produces a perfectly acceptable end product, is to use frozen white or whole wheat bread dough.

1. Let thaw and rise to two and one-half or three times its original size.

2. Roll out to desired thickness and follow the directions given in the *taftun* or other bread recipe.

نان خشکه(دوآتشه)

برای ۲ تا ۳ عدد

موادلازم:

مواددستور پختن نان تافتون

طرزتهیه:

۱ ـ دستور پختن نان تافتون یا نان با خمیر آماده را تامرحله تقسیم خمیر دنبال کنید.

۲ ـ خمیر رابه ۲ یا ۳ قسمت تقسیم کنید و هرقسمت رابضخامت نیم سانتیمتر پهن کنید وطبق دستور تافتون یابربری درحرارت ۵۰۰ درجه برای ۷ تا ۱۰ دقیقه طبخ کنید.

۳ ـ پس ازاینکه تمام نانها پخته شد حرارت فررا به ۱۵۰ تا ۲۰۰ درجه کاهش دهید.

٤ ـ ۱۰ دقیقه صبر کنید تاحرارت فر تعدیل شود وآنگاه قرصه های نان راروی طبقه های داخل فر قرارداده بگذارید ۱۵ دقیقه دیگر نان پخته شود.

۵ ـ فر راخاموش کنید ولی نانها را ازفر بیرون نیاورید. اجازه بدهید یک تا ۲ ساعت در فر بمانند تاخود ترد شوند.

نان ایرانی باخمیر آماده

برای تهیه نانهای ایرانی میتوان از خمیرهای یخ زده موجود در سوپر مارکتها استفاده کرد. درابنصورت پاکت خمیر را چند ساعت درحرارت اتاق نگهدارید تاحجم خمیر به ۲/۵ تا ۳ برابر اندازه اولیه افزایش یابد. خمیر رابطور دلخواه مانند دستور نان تافتون یادیگر نانها طبخ کنید.

Nān-e Khoshkeh-ye Qandi
(sweet Persian cracker-bread)

2 to 3 loaves

1 package active dry yeast
2 cups warm water
1 tsp. salt
1 cup powdered sugar
3 cups all-purpose flour

1 Tbs. vegetable oil
flour
1 Tbs. vegetable oil
3 Tbs. sesame seeds
2 Tbs. granulated sugar

DIRECTIONS FOR PREPARATION

1. Dissolve yeast in warm water.

2. Add salt and powdered sugar and mix well. Mix in flour and oil and kneed using an electric mixture with a dough hook or by hand for 10 minutes; let rise for 2 hours.

3. Preheat oven to 450°.

4. Lightly grease a cookie sheet and warm in the oven a few minutes.

5. Separate dough into 2 or 3 parts. Shape each into a ball. Sprinkle a board, pastry cloth, or counter with flour to prevent dough from sticking. One at a time, flatten each ball by hand. With a floured rolling pin, roll the dough flat into a round or oblong, ¼" thick loaf.

6. Place each loaf on a cookie sheet. Sprinkle each with sesame seeds and sugar. Brush bread lightly with oil. Make a few indentations in the bread with the finger tips.

7. Bake each loaf at 450° for about 7 - 10 minutes.

8. After all loaves are baked, remove from oven; reduce heat to low (150 - 200°).

9. Wait for 10 minutes or until temperature has reduced, then, arrange the loaves on the oven racks and bake again for 15 more minutes.

10. Turn oven off, but leave bread on rack in the oven for a few hours, until the oven cools.

NOTE: This bread keeps best in an airtight container. It is especially good for breakfast spread with feta cheese.

نان خشکه قندی

۲تا۳عدد

موادلازم:

۱ پاکت مایه خمیر
۲ فنجان آب گرم
۱ قاشق چایخوری نمک
۱ فنجان پودرشکر
۳ فنجان آرد
۱ قاشق غذاخوری روغن گیاهی
آرد
۱ قاشق غذاخوری روغن
۳ قاشق غذاخوری کنجد
۲ قاشق غذاخوری شکر

طرزتهیه:

۱ ــ مایه خمیر رادرآب گرم حل کنید.
۲ ــ نمک وپودرشکر به محلول اضافه کنید وخوب مخلوط کنید. آرد وروغن را به آن اضافه کنید وبادست یاماشین برقی برای ۱۰ دقیقه بمالید. اجازه بدهید خمیر برای دوساعت برآید.
۳ ــ فر رادرحرارت ۴۵۰ درجه فارنهایت ازقبل گرم کنید.
۴ ــ کمی روغن کف سینی فر بمالید و برای چند دقیقه توی فر بگذارید.
۵ ــ خمیر رابه ۲یا۳ قسمت تقسیم کنید وبااستفاده ازکمی آرد هرقسمت را به ضخامت یک سانتیمترپهن کنید.
۶ ــ خمیرپهن شده را درسینی فربگذارید وروی آن کمی کنجد وشکر بپاشید. بافرچه کمی روغن روی نان بمالید وچند سوراخ با انگشتان یا چنگال چوبی روی آن ایجاد کنید.
۷ ــ نان رابرای۷تا۱۰ دقیقه درحرارت ۴۵۰ درجه طبخ کنید.
۸ ــ بعدازاینکه تمام نانها پخته شد حرارت فر را به ۱۵۰تا۲۰۰ درجه کاهش دهید.
۹ ــ ده دقیقه صبر کنید تاحرارت فر تعدیل شود وسپس نانها رابرای ۱۵ دقیقه دیگر درفرقرار بدهید.
۱۰ ــ فررا خاموش کنید ولی بگذارید نانهابرای چندساعت درفر باقی بمانند.

JC

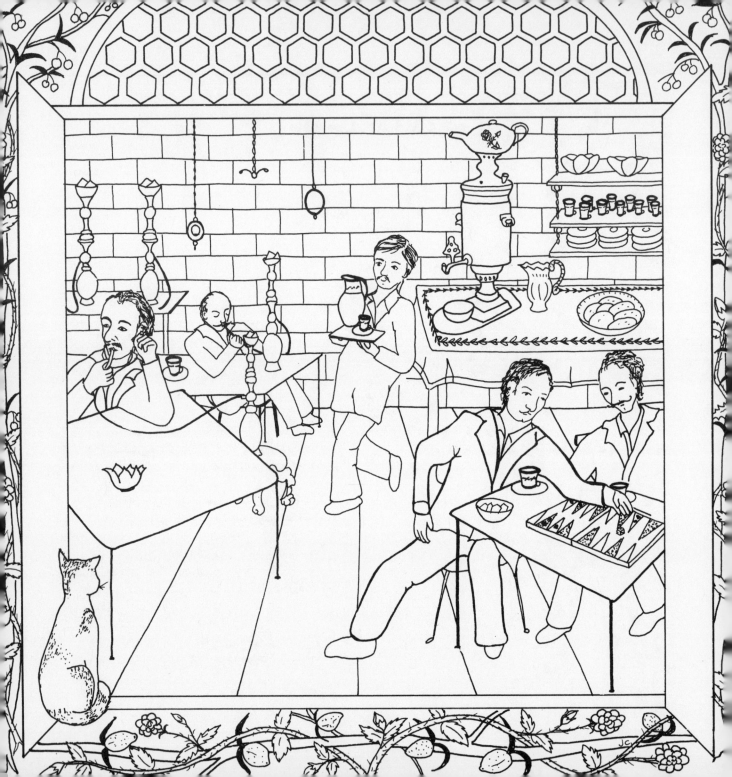

drinks

The following drinks are generally served as refreshments, with the exception of **dugh,** which is usually served with meals.

By far the most common Iranian drink — before meals, while shopping, when visiting friends, after dinner, etc. — is tea, which is generally served piping hot in small, transparent glasses and sipped over cubes of sugar held in the mouth.

Despite the fact that wines have almost always been made in Iran, some experts even claim that wine was invented in Shiraz (known as the city of wine, roses, and poets), alcoholic beverages are not commonly served, particularly in more traditional families. However, a seemingly endless variety of drinks generally with the delicate essence of fruit or blossoms, known as **sharbat,** and fruit juices are most common.

Chāy
(tea)

Tea is by far Iran's national drink. One could almost say that serving and drinking piping hot tea are a national pastime. Hot tea is served at virtually all times: at breakfast, after lunch and dinner, for a midday break, after waking from an afternoon nap, when company comes to call, and even in shops over bargaining transactions. It is served in religious mourning ceremonies and national celebrations, at times of sorrow and at times of joy, at weddings, on picnics, in teahouses, at home, in the bazaars, in offices, and even in mosques. It is served at official functions and friendly gatherings. It is served in winter to keep you warm and in summer to cool you off, in spring to rejoice in nature and in fall to meditate on the season's change. One can always find an excuse to drink tea. You invite a friend over to drink tea or you invite yourself over to a friend's for tea. You drink tea to perk up and you drink tea to calm down. In fact, it might be said that tea is more than a national drink or even a national pastime in Iran; it is a national obsession, a national addiction.

Often the quality of the tea is the basis for judgment of a business establishment's esteem or the success of a party. After having left a dinner party, friends or family members can be heard to comment on the tea. People have even been heard to say they enjoy coming to a particular home because they know they will always have a good glass of tea.

Therefore, one of the most important household necessities for an Iranian family is a samovar. The magic of a samovar is that it enables one to continue serving piping hot tea of variable strengths to innumerable guests with only one relatively small teapot.

Iranians enjoy the act of drinking tea almost as much as they do the tea itself. And there is an art to both serving the tea and appreciating it.

First of all, attention must be paid to the tea itself. For the Iranian, both color and temperature are of vital importance. The tea is appreciated as much visually as it is through the palate, much as the connoisseur appreciates good wine. That is why tea generally is served in small, clear glasses (*estekān*), so that one may observe the color and to ensure that the tea remains hot to the last drop. Before serving, a good host or hostess may pour a small amount of tea in an *estekān* and hold it up to the light to judge whether it is too light (*kam rang*), indicating either that it has not steeped long enough or that not enough fresh tea has been added to the pot, or too dark (*por rang*), indicating that it must be topped with more hot water.

When the tea has steeped long enough, to ensure that it is served hot, each *estekān* is rinsed in boiling water from the samovar, strong tea is poured into the glass to only partially fill it, and more boiling hot water is added. This method allows individual tastes to be taken into consideration, as some guests may request tea light in strength (color) while others may prefer it strong. The tea is then served accompanied by sugar cubes, rock candy, or caramelized sugar (*pulaki*, especially in the city of Esfahan, see recipe,

p. 214). Sugar cubes and *pulaki* are placed in the mouth and the tea is sipped over them, while the rock candy is dissolved in the tea.

For anyone lucky enough to have a samovar, serving tea is made easy. The water is boiled in the samovar and when it is hot enough, water is swished around the inside of the teapot to warm it and prepare it to receive the tea, several spoonsful of loose tea are added, and the pot is filled with boiling water from the samovar. The water in the samovar is then replenished and the teapot placed on top of the samovar to steep. As soon as the first round of tea is served, more loose tea and boiling water are added to the pot and the heat of the samovar is turned down to keep the water just below a boil.

The samovar was originally heated with charcoal, then remodeled to heat with kerosene, and most recently converted to electricity. But the principle remains the same. A bit of ingenuity can reproduce this effect without a samovar. If you have a kettle with a wide opening, use it to boil the water; when you have rinsed the inside of the teapot and added the tea and boiling water, refill the kettle with water, place it back on the stove burner, and place the teapot on top of it. This also helps prevent the tea itself from boiling, as it may do if it is placed directly on the burner, which destroys the flavor of the tea.

In my biased opinion, good tea, no matter what the advertisers say, is never found in tea bags. In fact, most tea bags are filled with tea dust or what remains when the quality tea has been packed. There are many blends of tea which are tasty, and you may wish to experiment with them. (I should mention that to the Iranian, what we call "herbal tea" is not considered tea at all, but medicine.) In Iran, many families blend their own favorites by combining different kinds of loose tea sold in open bags in special shops. One blend of tea our family finds especially pleasing consists of the following:

Two parts Darjeeling
One part Earl Grey
A small portion of orange pekoe
(about 1 to 1½ oz, per
12 oz. of the above tea mixture)

Tea is delicate, which is why the teapot should be warmed before the tea is added. It steeps in 5 - 10 minutes and should not sit more than half an hour before it is served. After this amount of time, a fresh pot should be made.

NOTE: *Estekāns* are available in many specialty shops catering to Middle Easterners throughout the country. However, to create an effective substitute for the *estekān* and its saucer (*nalbaki*), use clear glass votive candle holders, as they are small enough as well as heat resistant, and either porcelain demitasse saucers or porcelain coasters.

Pāludeh-ye Sib

(apple and lemon punch)

6 to 8 servings

1 cup sugar
1/2 cup boiling hot water
1/2 cup lemon juice or juice of 3 lemons
dash of rose water (optional)
2 to 3 apples, cored, skinned and grated
3 to 4 cups water

DIRECTIONS FOR PREPARATION

1. Make a simple syrup by dissolving sugar in hot water.
2. Add lemon juice; let cool.
3. Dilute syrup with water to taste.
4. Just before serving, add apples.

Serve over ice.

Pāludeh-ye Garmak

(pureed cantaloupe drink)

3 to 4 servings

1 cantaloupe
1/2 cup water
2 Tbs. sugar
1/4 tsp. cardamom (optional)

DIRECTION FOR PREPARATION

1. Remove skin and seeds from cantaloupe and cut into small pieces.
2. Puree in a blender with water, a few pieces at a time.
3. Add sugar (and cardamom), stir, and chill.

Serve in a glass with a spoon as a refreshment or as a dessert.

پالوده سیب

برای ۳ تا ٤ نفر

موادلازم:

۱ فنجان شکر
نصف فنجان آب جوش
نصف فنجان آب لیمو یاآب ۳ لیموی تازه
کمی گلاب (درصورت تمایل)
۲ تا ۳ سیب پوست کنده و رنده شده
۳ تا ٤ فنجان آب

طرزتهیه:

۱ ــ شربت ساده ای ازمخلوط شکر وآب داغ درست کنید.
۲ ــ آب لیمورا به شربت اضافه کنید وبگذارید سرد شود.
۳ ــ بدلخواه آب به شربت اضافه کنید.
٤ ــ قبل ازنوشیدن سیب های رنده شده را بایخ به شربت اضافه کنید.

پالوده گرمک یا طالبی

برای ۳ نفر

موادلازم:

۱ گرمک یاطالبی
نصف فنجان آب
۲ قاشق غذاخوری شکر
یک چهارم قاشق غذاخوری هل

طرزتهیه:

۱ ــ پوست گرمک را بکنید وتخمه های آنرا دور بریزید. گرمک یاطالبی رابه قطعات کوچک تقسیم کنید.
۲ ــ آب رادرمخلوط کن برقی(blender)بریزید. تکه های گرمک یا طالبی رابه آن اضافه کنید و بصورت پوره درآورید.
۳ ــ شکر ودرصورت تمایل هل به پالوده اضافه نموده و برای یک تادوساعت دریخچال نگهدارید.

Sharbat-e Gol-e Sorkh
(rosewater syrup)

about 3½ cups

2½ cups sugar
1 cup water
¼ cup lemon juice
1 to 2 tsp. rosewater extract

DIRECTIONS FOR PREPARATION

1. Bring water to a boil and add sugar, stirring until it is dissolved.
2. Add lemon juice and rosewater extract; stir.
3. Boil gently for 1 - 2 minutes.
4. Remove from heat; allow to cool.

Can be mixed with water and additional lemon juice to taste and served over ice as a refreshing drink or, as syrup, poured over vanilla ice cream or *paludeh* (see recipe, page 170).

Sharbat-e Ālbālu
(tart cherry syrup)

about 3 cups

1 cup fresh or 1 can tart cherries
1¼ cups water
2 cups sugar

DIRECTIONS FOR PREPARATION

1. Place cherries in a pot with water and simmer over medium-low heat for 20 minutes.
2. Place a colander or a sieve over a bowl and drain cherries, collecting juice in bowl. Using a potato masher or a spatula, press cherries to extract remaining juice, collecting it in the bowl.
3. Place sugar and juice in a pot, bring to a boil, reduce heat, and let simmer for 5 more minutes. Let cool. Will make a rather thick syrup.

To serve, put about 2 - 3 tablespoons of syrup in a glass, add cold water, stir, and add ice.

شربت آلبالو

تقریبا۳فنجان

موادلازم:

۱ فنجان آلبالوی تازه یا ۱ قوطی کنسرو آلبالو
یک و یک چهارم فنجان آب
۲ فنجان شکر

طرزتهیه:

۱ ــ آلبالو را درقابلمه کوچکی بریزید. پس از اضافه کردن آب بمدت ۲۰ دقیقه روی حرارت متوسط بپزید.
۲ ــ مخلوط رااز صافی بگذرانید. سعی کنید بافشار دادن آلبالو ها آب آنهارا بگیرید.
۳ ــ شکررابه آب آلبالو اضافه کنید ومحلول را بجوش آورید. حرارت زیر قابلمه راکم کنیدو۵ دقیقه بگذارید تاشربت قوام یابد.

شربت گل سرخ

تقریبا ۳/۵فنجان

موادلازم:

۲/۵ فنجان شکر
۱ فنجان آب
یک چهارم فنجان آب لیمو
نصف فنجان گلاب یا یک قاشق چایخوری اسانس گل سرخ

طرزتهیه:

۱ ــ آب را رادقابلمه کوچکی جوش بیاورید. شکررا به آن اضافه کنید واجازه دهید حل شود.
۲ ــ آب لیموو گلاب یااسانس را به شربت اضافه کنید وبهم بزنید.
۳ ــ این محلول رایک تادودقیقه بجوشانید.
۴ ــ شربت را ازروی اجاق بردارید واجازه بدهید خنک شود.

Sharbat-e Rivās
(rhubarb syrup)

about 6 cups

1 lb. fresh or frozen rhubarb
2 cups water
4 cups sugar

DIRECTIONS FOR PREPARATION

1. Clean and cut rhubarb into chunks (if fresh) and place in a pot along with water. Bring to a boil and simmer over medium heat for 20 - 30 minutes or until rhubarb can be easily mashed. (If using frozen rhubarb, cooking time is about 10 - 15 minutes.)

2. Put a colander over a bowl and pour the rhubarb and water into it. With a potato masher, press the rhubarb pieces to get as much of the juice out as possible. (The unused rhubarb pulp can be used to flavor dishes such as *khorshes*.)

3. Return juice to pot, add sugar, bring to a boil; reduce heat to low and simmer for 5 more minutes. Remove from heat and allow to cool.

NOTE: To serve, mix desired amount of syrup (about 2 - 3 tablespoons) in a glass of cold water and add ice. Syrup should be stored in a covered bottle or jar and kept in a cool place.

Sharbat-e Bahār Nārenj
(orange blossom-flavored syrup)

about 4 cups

1 cup water
2½ cups of sugar
6 oz. orange blossom water
2 Tbs. lemon juice

DIRECTIONS FOR PREPARATION

1. Bring water to a boil; add sugar and stir to dissolve thoroughly.

2. Add orange blossom water and let simmer for 5 minutes.

3. Add lemon juice and simmer for another minute.

4. Allow to cool; store in a bottle in a cool place.

To serve, dilute a few spoonsful, to taste, in water and serve over ice.

شربت ریواس

تقریبا ٦ فنجان

موادلازم:

١ پوند ریواس تازه یایخ زده
٢ فنجان آب
٤ فنجان شکر

طرزتهیه:

١ ــ ریواس را بشوئید و به قطعات کوچک تقسیم کنید. برای مدت ٢٠ تا ٣٠ دقیقه یاتاموقعیکه ریواس تقریبا له شود روی حرارت ملایم بپزید.

٢ ــ محلول رااز صافی بگذرانید. سعی کنید بافشاردادن ریواس ها تمام آب آنهارا بگیرید.

٣ ــ شکررا به آب ریواس اضافه کنید وبمدت ٥ دقیقه باحرارت ملایم بپزید.

شربت بهارنارنج

تقریبا ٤ فنجان

موادلازم:

١ فنجان آب
دو ونیم فنجان شکر
سه چهارم فنجان آب بهارنارنج
٢ قاشق چایخوری آب لیمو

طرزتهیه:

١ ــ آب راجوش بیاورید وشکر رادرآن حل کنید.

٢ ــ آب بهارنارنج رابه آن اضافه کنید وپنج دقیقه روی حرارت ملایم بپزید.

٣ ــ آب لیمورا به شربت اضافه کنید وبگذارید یکی دوجوش بزنید.

Sharbat-e Nārenj
(orange-flavored syrup)

about 4 cups

> *1 cup water*
> *3 cups sugar*
> *juice of 4 bitter oranges*

DIRECTIONS FOR PREPARATION

1. Bring water to a boil. Add sugar and let simmer until completely dissolved.

2. Add juice and let simmer another 3 - 5 minutes.

3. Let cool; store in a sealed bottle in a cool place.

To serve, dilute several spoonsful, to taste, in water and serve over ice.

Sekanjebin
(sweet-and-sour)

> *2 cups water*
> *6 cups sugar*
> *1½ cups vinegar*
> *a couple stalks mint (or a few drops mint*
> *flavor or 1 to 2 tsp. crème de menthe)*

DIRECTIONS FOR PREPARATION

1. Put the water in a pan, add sugar, and let boil over medium heat until the sugar is dissolved.

2. Add vinegar and boil 5 - 10 minutes more. Remove from heat, add mint, let cool. The consistency should be like syrup. If using fresh mint, remove stalks after syrup has cooled.

Serve with romaine lettuce: Dip leaves of romaine in a bowl of *sekanjebin*.

or

Use as a base for a cool drink: Mix 1 part *sekanjebin* to 2 - 3 parts cold water; serve over ice. For a change, add diced or grated cucumber to the drink.

شربت نارنج

تقریبا ٤ فنجان

مواد لازم:

۱ فنجان آب
۳ فنجان شکر
آب ٤ عدد نارنج

طرزتهیه:

۱ ــ آب راجوش بیاورید. شکر را اضافه کنید تاخوب حل شود.
۲ ــ آب نارنج را اضافه نمائید واجازه بدهید ۳ تا ۵ دقیقه دیگر روی حرارت ملایم بپزید.

سکنجبین (سرکه انگبین)

تقریبا ۹ فنجان

موادلازم:

۲فنجان آب
٦فنجان شکر
یک ونیم فنجان سرکه
۱ دسته نعناع تازه(یاچندقطره اسانس نعناع)

طرزتهیه:

۱ ــ آب وشکررا درقابلمه ای بجوش آورید تاوقتیکه شکر کاملا حل شود.
۲ ــ سرکه را بمحلول اضافه کنید و۵تا ۱۰ دقیقه دیگر بجوشانید. شربت رااز روی اجاق بردارید ونعناع یا اسانس رابه آن اضافه کنید. درصورتیکه از نعناع تازه استفاده میکنید دسته نعناع را پس از چندساعت از سنکنجبین بیرون آورید.

Āb-e Hendavāneh
(watermelon juice)

watermelon
sugar

DIRECTIONS FOR PREPARATION

1. Remove watermelon from outer skin and cut into small pieces.

2. Turn watermelon through a juicer to separate the pulp from the seeds or place in a colander over a bowl and, with a potato masher, press watermelon juice into the bowl.

3. Add sugar to taste, stir, and serve over ice.

Dugh
(yogurt drink)

serves 2 to 3

1 cup yogurt
1½ cups water or club soda
½ tsp. salt
¼ tsp. savory
¼ tsp. celery salt
¼ tsp. powdered crushed mint
¼ tsp. powdered rose petals (optional)

DIRECTIONS FOR PREPARATION

1. Place yogurt in pitcher and beat well.

2. Add water or soda and seasonings and stir well.

Serve over ice.

آب هندوانه

موادلازم:

هندوانه
شکر

طرزتهیه:

۱ ــ پوست هندوانه رابکنید وگل هندوانه را بقطعات کوچک تقسیم کنید.
۲ ــ قطعات هندوانه را درآب میوه گیری دستی بریزید وآب آنهارا بگیرید.
۳ ــ قدری شکر به آب هندوانه اضافه کنید ومیل نمائید.

دوغ

برای یک یادونفر

موادلازم:

۱ فنجان ماست
یک ونیم فنجان آب یا آب معدنی
یک ونیم قاشق چایخوری نمک
یک چهارم قاشق چایخوری آو یشن
یک چهارم قاشق چایخوری پودر کرفس
یک چهارم قاشق چایخوری پودرنعناع
یک چهارم قاشق چایخوری پودرگل سرخ(درصورت تمایل)

طرزتهیه:

۱ ــ ماست رادرظرفی بریزید وخوب بزنید.
۲ ــ آب یاآب معدنی را باتمام مواد دیگربماست اضافه نمائید وخوب مخلوط کنید. قبل ازمصرف چند تکه یخ دردوغ بیاندازید.

یادداشت: معمولا برای درست کردن دوغ خوشمزه تربهتراست ازماست ترش مزه استفاده کنید.

miscellaneous

Ārd-e Nokhodchi
(roasted chick-pea flour)

about 1 cup

 1 cup dried chick peas
 vegetable oil

DIRECTION FOR PREPARATION

 1. Lightly grease an iron skillet with vegetable oil and place over medium heat. Place chick peas in skillet and stir constantly until a light golden color, about 5 minutes.

 2. Remove immediately from skillet and allow to cool.

 3. Powder chick-peas in a blender, food processor, coffee grinder, or with a mortar and pestle and sift to a very fine consistency.

Qāvut
(sweet roasted chick-pea powder)

about 1½ cups

 1 cup roasted chick-pea flour
 (see recipe above)
 ½ cup powdered sugar
 ½ tsp. cardamom (optional)

DIRECTIONS FOR PREPARATION

 1. Mix together all ingredients and serve as a snack in small, individual saucers with a small spoon.

Pulaki
(caramelized sugar wafers)

about 20 to 25 pieces

 ¾ cup sugar
 pistachios or walnuts (optional)

DIRECTIONS FOR PREPARATION

 1. Heat a small, heavy skillet over high heat.

 2. Put sugar in a small section of the skillet and stir constantly until it liquifies.

 3. Remove from heat immediately and quickly (before the liquid hardens) drop spoonsful of the liquid on an ungreased cookie sheet to make pieces about the size of a quarter. (If desired, place two or three pieces of nuts on each and press in place.)

 4. Allow to cool and remove by slightly twisting the cookie sheet until they pop up.

NOTE: *Pulaki* is dipped into piping hot tea, where it usually shatters, placed in the mouth, and tea is sipped over it.

آردنخودچی

تقریبایک فنجان

موادلازم:

۱ فنجان نخود خشک
روغن گیاهی

طرزتهیه:

۱ ــ کمی روغن کف ماهیتابه ضخیم آهنی بمالید وماهیتابه راروی حرارت متوسط داغ کنید. نخودهارا درماهیتابه بریزید ومرتب بمدت۵ دقیقه بهم بزنید تابو داده شود.

۲ ــ فورا نخودچی آماده شده راازماهیتابه به ظرف دیگری منتقل کنید وبگذارید خنک شود.

۳ ــ نخودچی را بوسیله مخلوط کن (blender) یا آسیای برقی یا هاون فلزی بصورت آرد درآورید.

قاووت

نصف فنجان

موادلازم:

۱ فنجان آرد نخودچی
نصف فنجان پودرشکر
نصف قاشق چایخوری هل (درصورت تمایل)

طرزتهیه:
تمام مواد را مخلوط کنید وبعنوان تنقلات دربشقابهای کوچکی بریزید.

پولکی

۲۵ تا ۳۰ تکه

موادلازم:

سه چهارم فنجان شکر
پسته یاگردوی خرد شده(درصورت تمایل)

طرزتهیه:

۱ ــ ماهیتابه فلزی ضخیم کوچکی را روی حرارت متوسط تا بالا داغ کنید.

۲ ــ شکررا درماهیتابه بریزید ومرتب بهم بزنید تاآب شود.

۳ ــ ماهیتابه را ازروی اجاق بردارید وفورا در یک سینی بزرگ ۲۰ تا۲۵ قسمت ازمحلول را باقاشق بفاصله کمی از یکدیگر بریزید(قدری پسته یاگردو درحالی که شیرینی ها هنوز سفت نشده روی آنها بپاشید.) پس از چند دقیقه پولکی بدست آمده بشکل دایره زرد رنگ شفافی سفت میشود که میتوانید با تکان دادن سینی آنهارا جدا کنید.

یادداشت: پولکی بیشتر مخصوص اصفهان است. همیشه همراه باچای بجای قند استفاده میشود! طرزتهیه پولکی که آب نبات هم خوانده میشود در شیرینی فروشی هاازاین دستورمشکل تراست ولی پولکی درست شده کاملا مشابه است.

Māst

(yogurt)

about 9 cups

Yogurt is used in many Persian dishes and is often served as a side dish for lunch and/or dinner. Yogurt can be made at home with the popular commercial yogurt-making machines; however, their temperature controls are often set too high, rendering the finished product too watery. On the other hand, yogurt can easily be made without such a device, easily and economically, resulting in quite a tasty product:

1/2 gallon whole milk
1 cup commercial plain yogurt

1. Bring milk just to a boil and remove immediately from heat; let cool until lukewarm (it is better to be too cool than too warm).

2. Mix yogurt with one cup of the milk in a separate bowl; add to remaining milk and mix well.

3. Pour into clean, covered glass or ceramic containers. (Large pickle jars make ideal containers.)

4. Cover and place under several layers of blankets or a folded sleeping bag to retain the heat for 12 - 24 hours. Refrigerate for several hours before serving.

NOTE: Keep a cup of this yogurt to make your next batch. Yogurt can be re-used this way several times before a fresh yogurt starter is needed. To obtain a very thick, creamy, tasty yogurt, experiment with various combinations of brands of milk and yogurt. It has been our experience that milk from cartons rather than plastic containers generally makes a thicker yogurt.

Māst-e Kiseh'i (thickened yogurt): Pour yogurt into a bag made of cheesecloth or other gauze-type material. Tie the open end with a string and suspend over a sink where it can drip for several hours. The end result will be a thick, creamy paste (the thickness depends on how long the yogurt is left to drip), which can be used as a spread by itself or mixed with mint and a touch of salt and pepper.

Traditionally, thickened yogurt was especially important for travelers since it would take up less space. Today it is considered a special treat.

Thickened yogurt makes an excellent substitute for sour cream or even cream cheese, depending on the thickness.

ماست

تقریبا ۹فنجان

موادلازم:

۱/۵لیتر شیر
۱ فنجان ماست

طرزتهیه:

۱ ــ شیر راتانقطه جوش گرم کنیدولی نگذارید بجوشد. شیر رادر ظرف سفالی یاشیشه ای درداری خالی کنید. اجازه بدهید کم کم خنک شود تابحد ولرم برسد.

۲ ــ مقدار کمی ازشیر راباماست در ظرف جداگانه ای خوب مخلوط کنید.

۳ ــ مایه(مخلوط شیروماست) رادر ظرف سفالی یا شیشه ای به شیر اضافه کنید و به آرامی بهم بزنید.

٤ ــ درب ظرف رابپوشانید وبمدت حداقل ۱۲ ساعت زیر چند لایه پتو قراردهید. توجه کنید که درتمام این مدت ظرف نبایدابدا تکان بخورد. قبل ازمصرف اجازه بدهید ماست دریخچال سرد شود.

یادداشت: درصورتیکه مایلید ماست ترش تری درست کنید مدت خواباندن ماست راکمی افزایش دهید. معمولا ماستی که در۱۲ ساعت درست شده شیرین تر وهرچه مدت زمان«بند آمدن» آن افزایش یابد ترش ترمیشود.

ماست کیسه ای

تقریبایک فنجان

موادلازم:

۲فنجان ماست
کیسه کتانی

طرزتهیه:

ماست را دریک کیسه کتانی بریزید. سرآنرا ببندید وبرای چندساعت جائی آویزان کنید تاآب آن گرفته شود. ماست کیسه ای آماده شده را کمی نمک بزنید ودریخچال نگهدارید.

یادداشت: ماست کیسه ای رامیتوان درصورت دردست نداشتن کشک دربسیاری ازغذاها مورد استفاده قرارداد.

Ājil
(mixed nuts, seeds and dried fruits)

Various mixtures of nuts, seeds, and dried fruits have been traditional favorites among Iranians, served primarily as snacks and to guests. There are, in fact, shops in Iran that specialize in preparing and selling various kinds of roasted nuts, melon seeds, pumpkin seeds, dried figs, raisins, almonds, pistachias, etc.

You can use your imagination in combining your own mixture of *ajil.* Here are some suggestions:

Ājil

roasted pistachio nuts
roasted hazel nuts
walnuts
whole toasted almonds
roasted chick-peas
roasted watermelon seeds
roasted pumpkin seeds
roasted filberts

Ājil Moshkel Goshā*

whole raw almonds
walnuts
raw nokhod (chick-peas)
dried figs
dried apricots
dried peaches
black raisins
golden raisins
whole raw filberts

* Literally, "the nut mixture that solves your problems," in the Azarbaijan region (in northwestern Iran), a variety of this *Ājil,* called *Ājil-e Chaharshanbeh Suri,* named after the last Wednesday of the year, when it is served while preparations are being made for the coming of *Now-Ruz* (The Persian New Year, which corresponds with the first day of spring), symbolically to help one leave behind one's problems at the advent of the new year.

Nokhodchi va Keshmesh

2 parts roasted chick-peas
1 part golden raisins

Gandom va Shāhdāneh

2 parts roasted wheat
1 part roasted hemp seed

The following is a suggestion for roasting various kinds of melon seeds (especially watermelon, honeydew, and pumpkin seeds):

2 cups seeds
1 tsp. salt
1 tsp. turmeric
½ tsp. black pepper
2 Tbs. vegetable oil

1. Rinse seeds in warm water; drain in a colander.
2. Sprinkle with seasonings and mix well.
3. Spread seasoned seeds out on several sheets of paper towel. Allow to dry completely, for perhaps a day or so.
4. Place seeds in a bowl, add oil, and mix well.
5. Roast in heavy, ungreased iron skillet over medium-high heat, stirring constantly to avoid burning.

menu suggestions

The following menus are offered merely as suggestions for successful meals, taking in mind, for the most part, dishes which are traditionally served together. But, they should not be looked upon as limitations; the only limitation on the combinations of dishes should be one's own imagination. Various Persian dishes also combine quite well with many American foods.

All foods, with the exception of desserts and tea, are generally served together as one complete course. Occasionally, a particular drink, such as *dugh*, is served with a meal, but most often no drink or merely water accompanies the meal.

Tea, however, is served at all times, after every meal and usually with breakfast, in between meals with fruit, and especially when guests come to call — either expectedly or unexpectedly.

As for desserts, to most Iranians, dessert means fruit, but fruit does not necessarily signify dessert, as fresh fruit in season is usually served after lunch and dinner, often with breakfast, as well as for midday or late evening snacks. Sweets, such as those found in the dessert section, are usually reserved for guests, but they have been included in the menus.

As your meals begin collecting rave reviews, you can reply, as the Iranians, do, *"Nush-e jān."*

Breakfasts

❧ halim ❧
adasi
tāftun bread
hot tea with pulaki

❧ omlet-e khormā ❧
hot barbari bread
hot tea

❧ khaḡineh ❧
hot barbari bread
hot tea

❧ nān-e khoshkeh ❧
butter or margarine
feta cheese
morabbā-ye sib or ālbālu
hot milk

❧ barbari bread ❧
feta cheese
fresh grapes, cataloupe, or pears
hot tea

❧ sangah or lavāsh bread ❧
butter
feta cheese
walnuts
morabbā-ye kadu tanbal
hot tea

Lunches

❧ kabāb kubideh ❧
sabzi khordan
sangak bread
dugh

❧ beryān ❧
tāftun bread
sabzi khordan
dugh

❧ kotlet-e gusht-o sibzamini ❧
barbari bread
sabzi khordan
māst-o musir

❧ āsh-e torsh ❧
hot barbari bread
feta cheese
sekanjebin

❧ ābgusht-e nokhod va ❧
gusht-e kubideh
tāftun bread
torshi liteh

❧ dolmeh kalam ❧
āsh-e māst
tar halvā

Luncheon Buffet Suggestions

୬ kotlet ୬
kuku sabzi
kuku qandi
halim bademjān
māst-e kishe'i
hot tāftun bread
fereni
hot tea

Special Occasion Luncheon

୬ āsh-e reshteh ୬
qeymeh
shāmi kabāb
tāftun bread
sabzi khordan
māst
sholehzard
hot tea
dugh

Dinners

୬ fesenjān ୬
chelo
kuku bādemjān
māst-o esfenāj
ranginak and/or fruit in season
hot tea

୬ bāqālā polo ୬
kuku sabzi
khoresh-e bādemjān
mast
lowz-e bādām and/or fruit in season
hot tea

୬ dolmeh bādemjān ୬
adas polo
māst-o khiyār
cantaloupe
hot tea

୬ kabāb-e soltāni ୬
chelo
māst-o musir
sabzi khordan
dugh
bastani bā khāmeh and/or fruit in season
hot tea

❦ tah chin ❦
khoresh-e kadu
māst-o labu
melon and grapes
hot tea

❦ khoresh-e rivās or karafs ❦
chelo
qelyāpiti
māst
sabzi khordan
tar halvā and/or fruit in season
hot tea

❦ kalam polo ❦
khoresh-e bādemjān
salad
māst-e kiseh'i
lowz-e nārgil and/or fruit in season
hot tea

❦ shirin polo ❦
māst-o esfenāj
pāludeh-ye shirazi and/or fruit in season
hot tea

❦ kufteh-ye shevid-o bāqālā ❦
kabāb moshti
māst
shirini-ye tar I
hot tea

❦ khoresh-e morgh-o ālu ❦
chelo
dolmeh-e barg-e mo
māst-o khiyār
fereni and/or fruit in season
hot tea

❦ khoresh-e karafs ❦
chelo
kuku qandi
māst-o labu
fruit in season
hot tea

❦ kabāb hoseyni ❦
chelo
khoresh-e esfenāj
sabzi khordan
zulbiyā and/or fruit in season
hot tea

❦ ābgusht-e sabzi va ❦
gusht-e kubideh
estamboli polo
tāftun bread
torshi, variety
melon
hot tea

Traditional New Year Dinner

❧ sabzi polo va mahi ❧
kuku qandi
mast
salad
shirini-ye tar I and II

The above illustration is of the **haft-sin** (literally seven S's referring to the first letter of the names of the various items on the tray), a traditional centerpiece which is part of the Persian New Year, **Now Ruz.** The arrangement, which usually includes such items as **sumac** (sumak), **serkeh** (vinegar), **samanu** (wheat pudding), **sabzi** (greens), **sonbol** (hyacinth), **senjed** (a kind of fruit native to Iran), **sekeh** (coin) and **sir** (garlic), symbolizes prosperity and good luck for the coming year.

mail ordering

The number of Iranian grocery stores in the United States has steadily increased in the past few years. This is only a partial list of such stores and other Middle Eastern grocery stores. Almost all of the ingredients needed to prepare the dishes described in this cookbook are available through these stores.

EAST

Asia Center
303 West Broad Street
Rt. 7
Falls Church, VA 22046
(703) 533-2112

Cardullo's Gourmet Shop
Six Brattle Street
Cambridge, Mass. 02138

Caravan Imported Food
615 S. Fredrick Ave.
Gaithersburg, MD 20760
(301) 258-8380

Dokan, Inc.
7921 Old Georgetown Rd.
Bethesda, MD 20814
(301) 657-2361

Georgetown International Market
1226 Wisconsin Ave., NW
Washington, DC, 20007
(202) 338-2999

Imported Foods, Inc.
409 West Lexington St.
Baltimore, MD 21201

Karnig Tashjian Corporation
380 Third Avenue
New York, NY 10016

Model Food Importers and Distributors
113 - 115 Middle Street
Portland, Maine, 04111

Near East Market
602 Reservoir Avenue
Cranston, RI 02910

Sahadi Importing Co.
187 - 189 Atlantic Avenue
Brooklyn, NY 11201

Sammy's Imported & Domestic Foods
1348 - 54 Hertol Avenue
Buffalo, NY 14216

SOUTH

Angel's Market
455 Athens Street
Tarpon Spring, FL 33589

Near East Bakery
878 S. W. Eight St.
Miami, FL 33130

MID-WEST

Columbus Food Market
1651 and Road
Des Plains, Ill. 60030

Ellis Bakery
577 Grant St.
Akron, Ohio

WEST

Akoubian's Deli-Grocery
16535 Brookhurst St.
Fountain Valley, CA
(714) 775-7977

Attari
1398 Westwood Blvd.
West Los Angeles, CA
(213) 474-6023

Dante Wholesale
18803 Napa St.
Northridge, CA 91324
(213) 701-7944

Day Mart
5552 Reseda Blvd.
Tarfama, CA
(213) 996-5881

Donald Farms Market
17641 Vanowen St.
Van Nuys, CA 91406
(213) 344-3597

Meat Cleaver Supermarket
9915 Chapman Ave.
(at Brookhurst)
Garden Grove, CA
(714) 530-5460

Hawthorn Market
24202 Hawthorn Blvd.
No. 103
Torrance, CA
(213) 373-4448

International Groceries of San Diego
3548 Ashford St.
San Diego, CA 92111
(714) 277-4186

Jojono's
8801 Reseda Blvd.
Northridge, CA 91324
(213) 993-7064

Miller's Market
17261 Vanowen
Van Nuys, CA
(213) 345-9222

Persopolis International
P.O. Box 1984
Reseda, CA 91335
(213) 345-8286

Sam's Food Market
4356 Sepulveda Blvd.
Culver City, CA 90230
(213) 390-5705

index

a note about the author

Mohammad R. Ghanoonparvar was born and reared in the ancient city of Isfahan, Iran, a rich center of culture and historical beauty. He gained an early understanding of and appreciation for herbs and spices, which play an important part in the delicate blend of flavors in Persian cuisine, from his father, an herbalist and spice merchant. His interest in Persian cuisine developed early, during period when he became a vegetarian and began to adapt many common Iranian dishes to a vegetarian diet. Subsequently, he gained professional experience in food preparation in many restaurants both in Europe and the United States and provided advice on the preparation of Iranian dishes. He has taught classes in Persian cuisine most recently at the University of Virginia, where he is presently assistant professor of Persian language, literature and culture, and where he completed the research on and the compilation of the recipes included in this book. Professor Ghanoonparvar is currently working on Persian Cuisine: Book Two in which he plans to incorporate more internationally inspired Persian foods and other variations on Persian cuisine. He is also working on a book on the relationship between literature and society in modern Iran and is involved in translating Persian literature and children's stories.

a note about the illustrators

Born in Oak Ridge, Tennessee, Jill Lieber is a free-lance artist and art educator residing in Lexington, Kentucky.

Claudia Kane is a professional illustrator and free-lance artist. A native of New York City, she has received her Bachelor of Arts in Fine Arts from the State University of New York at Stony Brook. She is currently living in Lexington, Kentucky.

Dennis Rano is a commercial artist who lives and works in Columbus, Ohio.